좌충우돌 불량아빠의

행복한 부모여행

–사랑한다 너의 사춘기–

신 성 철

창지사

들어가며…

지금까지 살아오면서 제 인생의 항로를 바꾼 두 가지의 터닝포인트가 있습니다. 첫째는 고등학교 2학년 여름 수련회에서 강한 체험을 통해 하나님을 만난 사건입니다. 저는 이 사건을 통해 그동안 한 번도 변하지 않고 가지고 있던 '교사' 꿈을 '목사'로 바꾸었습니다. 목사가 되어 청소년 전문 사역자를 꿈꾸었습니다.

목사가 되기 위해 그동안 준비했던 사범대를 포기하고 '신학대'를 지원하였습니다. 신학대를 지원하고 몇몇 교회에서 '교육 전도사'로 사역하며 청소년들과 함께했습니다. 이때까지만 해도 저는 당연히 목사가 되어 청소년 전문 사역자가 될 것이라고 생각했습니다.

청소년들을 지도하면서 교육기법이나 청소년들의 심리에 대해서 전문적으로 알고 싶은 마음에 다시 진학했습니다. '사범대 교육학과'로 진학하여 교육학을 전공했습니다. 졸업을 한 후 두 가지 진로가 제 앞에 있었습니다.

첫째는 목사가 되기 위해 신학대학원에 진학하는 것과 두 번째는 청소년들의 심리나 교육에 좀 더 전문적으로 공부하기 위해 일반대학원에 진학하는 것이었습니다. 고민하다가 최종 선택한 것이 일반대학원 진학이었습니다.

대학원에서 제가 선택한 전공은 '상담심리'였습니다. 처음 접하는 학문임에도 저에게는 굉장한 충격을 주었습니다. 지금까지 제가 살아왔던 시간들을 되돌아보게 만들고, 관계에 대해 진지하게 생각하게 되었습니다.

사실 저는 염세적이고, 비관적이고, 이기적인 사람이었습니다. 내부분의 상황을 비관적으로 보다 보니 협력이 안 되었습니다. 협력을 안 하다 보니 다른 사람의 말을 들으려고 하지 않았습니다. 일을 진행함에도 있어서도 늘

독단적이었고, 나는 옳고 상대방은 그르다는 생각을 했습니다. 그리고 일이 제대로 진행되지 않으면 늘 다른 사람을 탓했습니다.

그런 저에게 '상담'이라는 학문은 신선한 충격이었습니다. 특히 당시 저의 지도교수이셨던 박재황 교수님과의 만남은 저에게 두 번째 터닝포인트를 주었습니다. 약 2년간 지도교수님 연구실에서 몇 가지 일을 도와드리면서 배우게 된 윌리암글라서의 '선택이론'은 저의 인생을 송두리째 바꾸어 놓았습니다.

당시 교수님께서는 '선택이론'의 전문가로서 '선택이론'적 관점에서의 삶을 강조하였습니다. 가까이에서 지켜본 교수님은 이 이론들을 직접 자신의 삶에 적용하였습니다. 그러한 모습이 저에게는 신선한 충격이었습니다.

'행복은 스스로 선택하는 것이고, 자신의 선택에는 책임이 따른다.'라는 글라서의 가르침은 제가 목회의 길을 포기하고 다시금 교사로의 꿈을 꾸게 만든 원동력이 되었습니다. 그런 글라서의 가르침을 몸소 저에게 가르쳐주신 박재황교수님의 가르침 또한 제 인생의 항로를 바꾸었습니다.

교수님의 가르침 덕분에 박사과정을 선택할 때 다른 분들의 눈치를 보지 않고 지도 교수를 바꾸어 다른 전공을 선택해서 좀 더 다양하게 상담을 바라볼 수 있는 눈을 가지게 되었습니다. 물론 지도교수님과의 결별이 아름답게 이뤄진 것은 아니지만 저는 그때 제가 다른 선택을 해도 분명히 교수님께서는 저의 선택을 존중하고 믿어 주시리라는 믿음이 있었고 그런 믿음이 잘못되지 않았음을 몇 년이 지난 후에 확인하게 되었습니다.

약 15년을 했던 교회 전도사 사역을 뒤로하고 대학강단에서 학생들을 가르치기 시작하면서 제가 배웠던 '선택이론'은 제가 지칠 때마다 새로운 힘을 주었습니다. 그리고 '선택이론'을 접목해서 가르치는 학생들에게 적용하고 싶은 욕심이 생겼습니다. 그러면서 청소년들에게도 적용하면 좋겠다는 생각에 (사)청소년교육센터에 몸을 담게 되었습니다.

그렇게 다시 시작된 청소년들과 함께해 온 시간이 어느덧 20년이 넘어갑니다. 시행착오를 겪기도 하고 포기하기도 하면서 오늘까지 왔습니다. 예전에는 현장에서 청소년들과 부대끼며 그들과 함께했고 지금은 대학에서 예비 청소년지도사들과 부대끼고 있습니다. 어느 자리 어느 환경이 되었든 청소년을 향한 마음은 동일한 거 같습니다.

청소년들과 부대끼면서 조금씩 부모 역할에 대해서 관심을 가지게 되었습니다. 부모가 행복하면 청소년들도 행복해질 수 있다는 생각에 부모교육 프로그램을 만들어 보고 싶은 생각이 들었습니다.

그런 마음으로 시작한 것이 '청소년들과 부모를 위한 행복발전소'라는 밴드입니다. 2015년 10월부터 시작된 밴드에 제가 자녀를 키우면서 겪었던 사건들과 생각들을 올리기 시작했고, 지금은 '좌충우돌 불량아빠의 행복한 부모 여행-사랑한다 너의 사춘기-'로 바꾸어 2년째 운영하고 있습니다.

투박한 글이지만 글을 읽으시는 분들의 응원에 힘입어 지금까지 왔습니다. 처음 몇십 명으로 시작된 밴드는 2년이 되어 가는 지금 거의 5,000여 명으로 늘었습니다. 그렇게 2년간 많게는 일주일에 6개, 적으면 3개 정도의 글을 올리다 보니 꽤 많은 글이 모였고, 한 가지 욕심이 생겼습니다. 그것은 밴드의 글을 모아 책으로 출판해 보는 것입니다. 물론 이 생각도 이 글을 읽으시는 독자들께서 권해주신 것이었습니다. 처음에는 말도 안 되는 일이라고 생각했습니다. 그저 일상의 소소한 사건들을 가볍게 쓴 글들인데, 책으로 엮는다는 것은 생각하지도 못한 엄청난 일이었습니다.

그러나 글을 읽으신 많은 분이 글을 통해 위로를 받았고, 자녀와의 관계가 행복해질 수 있었고, 많은 교훈을 얻었다는 말을 하시고, 나아가 더 많은 사람이 이런 감동을 느낄 수 있도록 책으로 출판되어도 좋을 것 같다는 권면을 하셨습니다. 그런 권면을 무시(?)할 수 없다는 핑계에 힘입어 '책으로 출판해야겠다.'라는 엄청난 결심을 하게 되었습니다.

일단 밴드에 올라간 글 중에서 괜찮다고 판단되는 글들을 추려서 수정 작업을 거쳤습니다. 일상의 소소함들을 가볍게 풀다 보니 구어체도 많고 사투리도 많습니다. 글의 문맥이 자연스럽지 않은 것도 많았습니다.

그런 부분들을 책에 맞게 몇 번의 수정 작업을 거쳤습니다. 하지만 밴드에 올라간 내용 중 구어체와 사투리 등을 모두 수정할까 하다가 몇몇은 그냥 두기로 했습니다. 현장의 생생함이 전달될 수 있겠다 싶어서입니다. 그리고 글에 달린 댓글 중 괜찮은 댓글들을 뽑아 글 밑에 달아 놓았습니다. 이 또한 글의 생생함과 느낌을 더하기 위함입니다.

책의 구성은 총 3부로 되어 있습니다. 1부는 자녀와 함께 떠나는 행복여행, 2부는 부모와 함께 떠나는 행복여행, 3부는 대화 등으로 구성했고, 1, 2부에는 약 20~30여 편의 단락으로 편성했고, 3부는 제가 상담했던 내용 중 일부를 발췌해서 가상적 시나리오를 더해 엮어 보았습니다.

대부분의 글이 제가 직접 세 아들을 키우면서 겪은 일들을 중심으로 쓰인 글들입니다. 부디 가볍게 읽으시고, 책을 덮을 때 입가에 작은 미소 하나 번지기를 간절히 바래 봅니다.

끝으로 책이 나오기까지 저에게 힘을 주신 '좌충우돌 불량아빠의 행복한 부모여행 –사랑한다 너의 사춘기–' 밴드 회원 분들과, '행복한 부모교육 연구소' 교수님들, '행복한 부모교육 모임' 교육생들에게 깊은 감사를 드립니다. 그리고 사랑하는 가족들에게도 깊은 감사를 드립니다. 아울러 부족한 글들을 귀한 책으로 완성해 주신 창지사 출판사 사장님 이하 직원분들께도 깊은 감사를 드립니다.

행복은 특정한 개인의 전유물이 아닙니다. 행복은 누구에게나 주어진 선물 같은 것입니다. 그 선물의 주인은 바로 '나'입니다. 내가 스스로 그 선물의 끈을 풀고 상자를 열면 되는 것입니다.

2017. 10.

玄雲 신 성 철

차 례

1부 자녀와 함께 떠나는 행복여행

2부 부모와 함께 떠나는 행복여행

3부 대 화

1

자녀와 함께 떠나는 행복여행

1. 부모의 일관성?

중학교 3학년인 큰아이는 학교를 마치고 곧바로 학원에 갑니다. 학원을 마치고 집에 와서 저녁을 먹고 또 학원을 갑니다. 학원을 마치고 집에 오면 거의 10시가 넘어갑니다. 한참 먹을 때라 저녁을 먹고 학원을 갔음에도 집에 오면 먹을 것을 찾습니다. 약간의 편식을 하는 큰아들은 라면이나 쿠키 혹은 과자 등과 같은 인스턴트 음식을 야식으로 먹으려고 합니다. 그럴 때면 저나 아내가 아들에게 잔소리를 합니다. 그럼에도 아들은 꾸준히 인스턴트 음식들을 먹습니다. 오늘도 학원을 마치고 집에 와서 라면을 끓여 먹었나 봅니다. 이 광경을 본 막내가 저에게 고자질을 합니다.

“아빠 형이 오늘도 라면 먹었어요. 라면은 먹으면 안 되잖아요.’

“그래? 형이 라면 먹었어? 우리 막내가 형이 라면 먹는 게 걱정스러웠나 보네.’

“엄마가 라면 먹으면 몸에 안 좋다고 먹지 말라고 했잖아요. 근데 형은 오늘도 라면 먹었어요.’

그때 큰아이가 한마디 합니다.

“오늘은 엄마가 먹으라고 했거든.”

“거짓말하지 마. 엄마는 라면 먹지 말라고 했잖아.”

“아니거든 오늘은 진짜 엄마가 먹으라고 했거든.”

“엄마 엄마! 엄마가 진짜로 형한테 라면 먹어도 된다고 했어요?”

“그래 오늘은 엄마가 형 보고 먹어도 된다고 했어.”

“나한테는 먹지 말라고 해놓고는. 왜 형만 먹으라고 해? 그리고 어제는 형한테도 라면 먹지 말라고 했잖아."

"형이 오늘 저녁을 안 먹었다고 해서 그랬지."

"그러면 밥 주면 되잖아. 엄마는 왜 이랬다저랬다 해?"

아이들을 키우다 보면 부모로서 참 곤혹스러운 것이 일관성입니다. 일관성은 태도나 방법 따위가 처음부터 끝까지 한결같은 성질을 말합니다. 많은 부모교육 강사들이 '부모는 일관성이 있어야 한다.'고 이야기를 합니다. 그분들의 이야기처럼 부모가 일관성을 유지한다면 좋겠지만 일관성을 유지할 수 없음을 우리는 잘 압니다.

부모도 사람이니 '이랬다저랬다' 할 수밖에 없습니다. 상황에 따라서 자녀의 행동에 따라서 그리고 부모 자신의 컨디션에 따라서 달라질 수밖에 없습니다. 저 또한 저의 기분에 따라 아이를 대하는 태도나 아이를 훈계하는 방식이 달라집니다. 당연한 것입니다.

부모마다 수용할 수 있는 행동과 그렇지 않은 행동을 나누는 경계는 계속 오르락내리락할 수밖에 없습니다. 만약 부모가 일관성을 유지하려고 한다면 그것은 진심에서 우러나온 행동이 아닌, 일관성이라는 것을 유지하기 위해 의도적으로 행하는 행동일 가능성이 큽니다.

예를 들어 자녀가 실로폰을 두드리고 놀고 있다고 가정을 해 보겠습니다. 부모가 충분히 쉬었고, 여유가 있다면 잘한다고 칭찬하고 박수칠 것입니다. 그러나 부모가 피곤해서 좀 쉬려고 하는데 아이가 그런다면 못하도록 할 것입니다. 아니면 짜증을 낼 수도 있을 것입니다. 대부분의 상황이 동일합니다. 즉 부모 또한 그날의 기분에 따라 달라지는 인간에 불과하다는 것입니다.

그렇다고 일관성을 포기하라는 것은 아닙니다. 우리는 나름 일관성을 유지하기 위해서 노력해야 합니다. 중요한 것은 그렇게 노력을 해도 항상 일관성을 유지할 수 있는 것은 아니라는 것을 인정하는 것입니다.

일관성을 유지할 수 없는 것을 인정한다는 것은 최소한 부모가 일관성을 유지하지 못하는 것 때문에 자녀와의 소통이나 관계를 포기하지 않는다는 것을 의미합니다. 아이들에게 '아침은 반드시 같이 먹어야 한다.'라고 이야기를 했는데 그것을 지키지 못했다면, '일관성을 지켜야 한다.'라고 생각하는 부모는 아침식사를 함께하는 것 자체를 포기할 가능성이 높습니다. 그러나 일관성을 유지할 수 없음을 인정하는 부모들은 최소한 아침에 밥 먹는 것 자체를 포기하지는 않을 것입니다.

일관성을 유지할 수만 있다면 일관성을 유지하는 것이 옳습니다. 그러나 그 일관성을 유지할 수 있는 부모란 세상에 존재하지 않습니다. 그러니 자녀와의 관계에서 일관성을 유지해야 한다는 생각보다는 '포기'하지 않겠다는 생각이 더 중요합니다. 포기하지 마시고 '쿨'하게 인정하시고 다시 시작하면 됩니다. 원래 일관성이라는 것은 유지할 수 없는 것이기에 실망할 필요도 없습니다. 단지 일관성을 유지하기 위해서 일관성을 핑계로 포기하지 마십시오. 이 세상에 일관성을 유지하는 사람은 아무도 없습니다. 그것은 부모도 마찬가지입니다.

댓글

- 부모라는 이름은 항상 어렵습니다~~~
- 흠…. 유연성을 발휘하면 일관성 없는 부모가 될 테고, 혹자는 약속을 어기라고 있는 것이라 말하고…. 부모 역할이란 평생 고민스러운 자리네요.
- 아…. 일관성이란 서만 불가능한 게 아니었군요. 감사합니다.
- 맞죠? 일관성은 교수님도 안 되시는 거죠? 마음이 좀 편안해지네요 ^^

일관성이 아닌 포기하지 않아야 한다는 말씀 기억하겠습니다.

일관성 문제… 마음이 좀 편안해지네요.

Tip ▶▶ 부모의 일관성보다는 포기하지 않는 것이 더 중요합니다.

2. 그래도 사랑한다

엄마: 너 이번에 성적 목표가 얼마니?

아들: 음…. 글쎄요.

엄마: 글쎄요? 너 성적 올릴 자신 없어?

아들: 그건 아니지만… 최선을 다해 볼게요.

엄마: 당연히 최선을 다해야지. 지금 너 밑에 들어가는 돈이 얼만데….

아들: 알겠어요.

엄마: 과외도 하고 학원도 다니고 하면 결과가 거기에 맞게 나와야지.

아들: 열심히 하고 있으니까…. 잘 나오겠지요.

엄마: 그러니까. 네가 열심히 하고 있고, 학원이나 과외도 받고 있으니까 네가 목표하는 결과가 나와야지. 그러기 위해서 너도 최선을 다해야 하고….

아들: 그럴게요.

엄마: 엄마가 한번 기대해본다. 최소한 전교 5등 안에는 들어야 된다. 알겠지?

아들: 네.

엄마: 빨리 들어가서 공부해.

질문을 하나 드릴까요?

"자녀들을 학원에 보내면서 성적이 오를 것이라고 예상했는데 결과가 원하는 대로 나오지 않았을 때 어떤 반응을 보이시나요?"

"자녀를 위해 여행도 다니고, 부모교육도 들으면서 나름 최선을 다 했는데 학교에서 자녀가 사고를 치면 어떠신가요?"

우리는 자녀를 양육하면서 '기대'라는 것을 합니다. 기대란 '어떤 일이나 대상이 원하는 대로 되기를 바라고 기다림'이란 뜻을 가지고 있습니다. 자녀를 학원에 보내면 부모는 당연히 자녀의 성적이 이전보다는 상승할 것이고, 좋은 성적을 받으면 좋은 대학에 합격할 수 있을 것이라 기대합니다. 또한 잘 자라준 자녀가 좋은 직장을 얻어서 취업하면 능력 있고, 좋은 가정의 자녀와 결혼하기를 기대합니다.

부모가 자녀를 학원에 보내고, 과외를 시키고, 많은 돈을 들여 어학연수를 보내고, 각종 캠프에 보내는 것은 그 후에 일어날 것에 대한 기대함이 있기 때문일 것입니다. 성적이 오르기를 바라는 기대, 영어 실력이 좋아지기를 바라는 기대, 시야가 넓어져서 자신감을 가질 것이라는 기대, 인성이 좋아지고, 친구 사이가 좋아지고, 사회성이 좋아질 것이라는 기대감들이 있을 겁니다.

저도 이번에 첫째 아이는 5주 정도 외삼촌이 있는 뉴질랜드로 보내고, 둘째 아이는 일주일 정도 인성 캠프에 보내려고 계획하고 있습니다. 당연히 기대감이 있습니다. 첫째 아이가 5주 정도 뉴질랜드에 갔다 오면 생각이 많이 달라지고, 넓어질 것이라는 기대감이 있고, 둘째 아이가 일주일 정도 캠프를 갔다 오면 자신감이나 자아존중감이 높아질 것이라는 기대감이 있습니다. 그래서 조금은 무리지만 보내려고 합니다. 물론 강제적으로 보내는 것은 아니고 아들들과 많은 대화를 한 끝에 내린 결정입니다.

그런데 말입니다. 자녀가 부모의 기대대로 될까요? 사실 자녀는 부모가 원하고, 바라고, 기대하는 대로 결과를 만들어 내지 않습니다(저는 대부분의 자녀는 부모의 기대를 배신(?)한다고 생각합니다). 첫째가 뉴질랜드를 5주 갔다 온다고 해서 저의 기대대로 생각의 폭이 넓어지거나 달라지지 않을 수도 있습니다. 둘째가 캠프를 다녀온다고 해서 자아존중감이나 사회성이 좋아지지 않을 수도 있습니다.

이렇게 부모의 기대와 다른 결과가 자녀에게서 나타날 때 우리는 그래도 자녀를 믿고, 사랑할 수 있을까요? 자녀에게 기대를 품고 기다리는 그 마음 그대로 자녀와 좋은 관계를 유지할 수 있을까요?

많은 부모님은 기대한 것과 다른 결과를 보일 때, 자녀에게 실망하고, 결과의 원인을 자녀에게로 돌리고 비난하게 됩니다. 부모 입장에서는 최선을 다했는데 자녀의 문제로 원하는 결과가 나오지 않았다고 확신하기 때문입니다.

그러나 한 가지 우리가 기억해야 할 것은 부모가 아무리 최선을 다하고, 정성을 다했다고 해도 자녀가 부모의 기대대로 결과를 가져오지 않을 수 있다는 것입니다. 죄송하고, 속상하지만 이것이 부모가 가진 한계입니다. 그러나 이것은 누구의 문제가 아닙니다. 부모와 자녀 모두 최선을 다해도 나타날 수 있는 문제입니다. 따라서 부모 입장에서는 기대와 다른 결과를 들고 온 자녀를 향해 그럼에도 불구하고 '사랑'하고 있다는 것을 말해 줄 필요가 있습니다.

부모가 아무리 최선을 다해도 결과는 기대한 대로 나오지 않을 수 있습니다. 특히 자녀로 하여금 부모가 기대한 결과를 만들어 내는 것은 어쩌면 불가능할지도 모릅니다. 그러나 부모가 자녀에 대한 기대를 포기할 수도 없습니다. 부모라면 당연히 자녀에게 기대를 하게 되어 있습니다. 중요한 것은 결과가 부모의 기대와 다를 때에도 자녀를 여전히 사랑하고, 기대할 수 있어야 한다는 것입니다. 부모의 자녀를 향한 사랑과 기대가 결과에 따라 달라지지 말아야 합니다.

댓글

- 지금이 시험기간이라 이런 말들과 기대를 하게 되네요. 어여 셤 끝나고 놀러 갈 생각만 하는 아들을 보며 '이젠 하루 남았다 마지막까지 열심히 해야지~' 하고 컴퓨터 앞에 있는 아들 방금 방으로 들여 보냈답니다.
- 중3 아들을 둔 아빠입니다. 집 나간 지 4일째 시험기간인데 오늘은 학교도 안 갔네요. 잘해준다고 했는데 부족한 게 많은가 봅니다. 톡은 보는데 전화도 안 받고 답답하기만 하네요.
- 부모는 아이들 시험에 기대^^. 아이들은 곧 올 방학에 기대^^. 오늘까지 셤인데 들어가서 토닥토닥 결과를 떠나서 응원해줘야겠네요.
- 우리 세대에는 풍족하지 못해서 하고 싶어도 할 수가 없었던 시절이었기에 어쩜 요즘 환경이 뒷받침되는 데도 하지 않은 아이들에게 은근 기대감을 갖는지도 모르겠습니다. 기대도 아이들 눈높이에 맞추고 아이들 목표에 맞추어 함께 걸어가야 할 듯합니다. 아이들이 가는 길에 길잡이가 되어 주고 싶네요.
- 이제 초등 3학년, 1학년인데…. 이런 글을 보면 왜 눈물이 앞서는 걸까요?? 많은 위안과 기대 도움도 되고 있어 감사합니다^^ 아이들이 진짜 원하는 멋진 삶을 살게 하고픈 모든 부모의 마음이겠죠??^^ 믿음이 이기게 되는 아이들이 될 줄로 믿고 기대합니다^^
- 힘든 사춘기를 보내는 아이들~~ 참 아프고 힘들겠다. 충고나 간섭보다~~지켜보다 도움이 필요하다 손 내밀 때~~잡아 줄 수 있도록 관심의 끈을 놓지 말아야겠죠. 이유 없는 이유가 있는 청소년들 힘내자^^

Tip ▶▶ 자녀들이 만들어 놓은 결과라는 함정에 빠지지 마시고, 과정을 볼 수 있는 눈을 키우는 것이 중요하겠죠?

3. 약속해!

초등학교에 들어간 막내가 요즘 가장 재미있어 하는 것이 그림 그리기입니다. 제 서재에 있는 종이를 가져다가 연필로 그림을 그리고 크레파스로 색을 채웁니다. 다 그린 그림을 보란 듯이 거실에 '쫙악' 펼쳐 놓습니다. 처음에는 그런 아들이 기특해서 거실에 펼쳐 놓은 그림을 감상하면서 칭찬을 했습니다. 그러나 시간이 흐르면서 거실에 펼쳐 놓은 그림은 작품이 아닌 치워야 할 쓰레기가 되어 갑니다. 보다 못한 아내가 아들에게 한마디 합니다.

엄마: 이제 그림 그만 그려라.
아들: 왜요? 나는 그림 그리기 좋아하는데.
엄마: 그림을 그리고 아무 데나 놔두니까 집이 지저분해지잖아.
아들: 치우면 되잖아요.
엄마: 네가 언제 치웠는데? 엄마가 다 치웠지.
아들: 내가 치우려고 하는데 엄마가 먼저 치워서 그런 거잖아요.
엄마: 치우려고 한 거 좋아하네. 항상 그냥 두고 가면서….
아들: 아니… 내가 치우려고 했다니까요.
엄마: 알겠다. 그렇다고 치고. 그럼 너는 계속 이렇게 그림을 그릴 거지?
아들: 그럼요. 저는 그림 그리는 게 제일 좋아요.
엄마: 그러면 그림을 거실에 펼쳐 놓지 말고 잘 치우든지.
아들: 잘 치우면 그림 그려도 돼요?
엄마: 그래. 네가 잘 치우면 그려도 되지.
아들: 알겠어요. 잘 치울게요.

엄마: 약속했다. 잘 치우기로.

아들: 알겠어요. 약속했어요.

엄마: 약속 잘 지켜라. 어기면 그림 못 그린다.

아들: 알았다고요.

그렇게 아내는 아들에게 '약속'을 받아 냅니다. 말로만 하는 것은 마음이 안 놓여 '약속해!' 하면서 새끼손가락을 걸고, 엄지로 도장을 찍고, 손바닥으로 복사까지 합니다. 아내는 만족한 듯 씩 웃습니다. 그렇게 며칠이 지났습니다. 그러나 아들은 엄마와 한 약속과 달리 여전히 그림을 거실에 펼쳐 놓고 있고, 아내가 그것을 치우고 있습니다. 치우면서 아내가 한마디 합니다.

엄마: 너 나랑 약속한 거 잊었어? 약속을 했으면 지켜야지.

아들: 흠… 치우려고 했는데.

엄마: 또 치우려고 했다고? 너는 왜 이렇게 약속을 안 지켜?

아들: 지키려고 했는데….

엄마: 뭘 지켜. 앞으로 그림 그리지 마.

아들이 고개를 푹 숙이고는 방으로 들어가 버립니다. 약속을 어긴 벌로 당분간 아들은 그림을 못 그리게 되었습니다. '약속'이란 장래의 일을 상대방과 미리 정하여 어기지 않을 것을 다짐함을 의미합니다. 상대방과 미리 정하고 그것을 어기지 않는 것을 다짐하는 것이 '약속'인 것입니다. 그러니 약속의 핵심은 어기지 않는 것입니다.

사실 약속은 지켜야 하는 것이고, 가르쳐야 하는 가치입니다. 그래서 부모는 아이와 한 약속을 웬만하면 지키려고 합니다. 그리고 아이에게도 약속의 가치를 이야기하고 그것을 지킬 것을 강요합니다.

저도 친구들과 이런저런 약속을 합니다. 그런데 생각해 보면 그 약속들을 하나도 빠짐없이 지킨다는 것은 무척이나 힘이 듭니다. 의도를 하든지 하지 않든지 약속을 지킨다는 것은 결코 쉬운 일이 아닙니다. 약속의 가치를 몰라서 그런 것이 아니라 상황이 그렇게 만들 때도 있습니다. 맞습니다. 어른인 저에게도 약속을 지킨다는 것은 결코 쉬운 일이 아닙니다. 그러니 아이에게 '약속'은 얼마나 어렵고 무거운 개념일까요? 약속의 가치를 자녀에게 알려주는 것이 맞으나 아이들에게 약속은 어쩌면 올가미 같은 것일 수도 있습니다. 부모교육 전문가는 이런 말을 합니다.

> 부모님들은 자주 약속의 힘을 악용하여, 아이를 마음대로 다루고 통제하려는 면이 없지 않은 것 같습니다. 동생을 때렸어도, 장난감을 사 달라고 해도, 정리를 잘 안 해도, TV를 많이 봐도, 편식을 해도, 친구와 싸워도, 선생님 말씀을 잘 안 들어도, 숙제를 제때 안 해도 부모들은 "너 약속했잖아."를 들이댑니다. 그러면 아이는 할 말이 없습니다. 약속은 지켜야 한다는 것이 너무 대전제이고 상위 가치이기 때문에 대항할 방법이 없습니다. 일순간 아이는 대역 죄인이 돼서 부모가 풀어놓는 비난을 다 들어야 하고, 무슨 벌이든 달게 받아야 하는 상황에 처하게 되는 것입니다.

사실 아이들과의 약속은 무언가를 가르치기 위해서 하는 것입니다. 사실 아내가 막내와 한 약속은 아들에게 책임이라는 것을 가르치기 위해서 약속을 한 것입니다. 그러나 아이에게 '약속'이라는 것을 하기 전에 아이에게 책임이라는 것을 가르치고 알려 주는 것을 먼저 했어야 합니다.

만약 자녀가 약속을 어겼을 때는 '약속'을 강조할 것이 아니라 원래 가르치려고 했던 그것을 가르치면 되는데 부모님들은 약속을 지키지 않은 것에 대해서만 비난하고, 그 약속을 지켜야 한다는 것만 강조하게 됩니다. 그러니 원래 가르쳐야 하는 것은 뒷전으로 밀린 채 '약속'이라는 것만 초점이 맞추어지게 되는 것입니다.

그리고 더 중요한 것은 아이들이 부모와 약속을 하는 것은 아이들 자율로 하는 것이 아닙니다. 하지 않으면 안 될 것 같은 분위기 속에서 억지로 약속하게 되는 경우가 많습니다. 어른들처럼 약속을 꼭 지켜야겠다는 동기가 있거나, 지킬 수 있어서 하는 것이 아닙니다. 그저 약속하지 않으면 혼날 것 같은 분위기 속에서, 혹은 약속하면 부모가 그 상황만은 칭찬을 해주기 때문에 '멋모르고' 하는 것입니다. 그러다 보니 당연히 약속은 지켜지지 않는 경우가 훨씬 더 많습니다. 그러면 부모는 약속을 지키지 않은 아이들을 비난하고 때로는 협박합니다. 심지어 죄책감까지 주고, 당당히 아이를 통제하려고 합니다.

약속은 부모의 일방적인 지시가 되어서는 절대 안 됩니다. 약속을 어겼을 때도 아이를 비난하기보다는 유연성을 발휘해서 아이들이 죄책감이나 비난을 받지 않도록 해야 합니다. 약속은 부모가 편하기 위해서도 아니고, 자녀를 통제하기 위해서도 아니고, 자녀를 꾸중하기 위해서도 아닙니다. 약속은 아이에게 뭔가를 가르치기 위해서 하는 것이 되어야 합니다.

댓글

- 약속으로 아이를 통제하려고만 했던 저의 생각이 아이에게는 올가미가 된다고 생각하니 마음이 무거워집니다. 글을 통해 유연성을 발휘하는 시간들을 가지도록 노력해야겠습니다 ^^ 감사합니다~

- 아이들에게 늘 약속은 지키기 위해 하는 것이라고 가르치면서 정작 엄마인 저는 그러지 못하는 거 같아 부끄러울 때가 있습니다. 저부터 약속은 지키기 위해 하는 것이란 걸 한 번 더 가슴에 새겨야겠습니다 ^^

Tip ▶▶
약속은 자녀를 통제하기 위한 도구가 되어서는 안 됩니다. 만약 자녀가 약속을 어겼을 때는 '약속'을 강조할 것이 아니라 원래 가르치려고 했던 그것을 가르치도록 하세요.

4. 네모상자 속의 아이들

전화가 한 통 왔습니다. 예전에 저에게 부모교육 강의를 들은 사람이라고 자신을 소개하고 사춘기인 딸 때문에 속상하다고 하면서 상담을 좀 해 줄 수 있느냐고 부탁을 했습니다.

"교수님 이렇게 전화로 불쑥 고민을 털어놔서 죄송합니다."

"아닙니다. 마음이 많이 힘드셨겠네요."

"네. 진짜 저는 제 딸이 이해가 안 가요."

"이해가 안 가신다고요?"

"네. 도무지 이해가 안 가요. 완전히 자기 멋대로 사는 것 같아요. 엄마 이야기는 전혀 안 들어요. 어떤 날은 제가 뭐라고 하면 막 화를 내면서 집을 나가 버려요."

"어머니가 많이 속상하시겠네요."

"네… 속상해 죽겠어요. 그냥 엄마 말 좀 들어주면 어디가 덧나는지…. 일부러 제가 하는 말과 반대로 하는 것 같아요. 저는 평소에도 딸이 하자는 대로 다해 주는데…. 딸은 한 번도 제가 하라는 것을 안 하네요.”

“어머니가 딸에게 원하시는 게 뭔가요?”

“별로 원하는 거 없어요. 세상이 무섭잖아요. 그래서 학교나 학원이 끝나면 곧바로 집으로 왔으면 하고… 아무 친구하고 사귀지 않았으면 좋겠고, 공부도 좀 열심히 했으면 좋겠어요. 그리고 제 말도 좀 잘 듣고요.”

그렇게 거의 한 시간 이상을 딸에 대한 속상한 이야기를 털어놓으셨습니다. 이야기를 듣다 보니 결국 어머니가 속상해하는 것은 딸이 엄마가 원하는 대로 행동하지 않는다는 것이었습니다. 딸이 본인이 원하는 대로 행동하고 살아줬으면 하는데 딸은 전혀 엄마의 바람대로 행동하지 않는다는 것이지요. 그래서 어머니는 답답하고 화가 나고, 딸이 이해되지 않는다는 것입니다.

노벨 문학상을 받은 유명한 소설가인 토리모리슨이 쓴 『네모상자 속의 아이들』이라는 소설이 있습니다. 어른의 말을 듣지 않았기 때문에 종이상자 속에 갇혀서 사는 패티와 미키, 리자란 3명의 어린이가 주인공입니다. 패티는 학교에서 소란스레 굴었고, 쿵쾅쿵쾅 복도를 뛰어다니고 교실에서 노래를 불렀습니다. 선생님들은 회의를 열어 당분간 패티의 자유를 빼앗기로 했습니다.

미키도 그전에는 엘리베이터 2대가 있는 18층 아파트에 살았습니다. 우체통 뚜껑에 자기 이름을 쓰고 아파트 관리인 아저씨의 자동차 위에 올라간다는 이유로 동네 어른들은 그를 종이상자로 데려갔습니다. 리자 역시 아담한 농장 주택의 어린이였습니다. 그 아이의 ‘나쁜 버릇’은 암탉이 달걀을 낳아도 모른 체하고 다람쥐가 과일나무를 망가뜨려도 쫓아내지 않는다는 것이었습니다.

세 아이가 사는 네모상자 안에는 카펫이 깔렸고 그네랑 미끄럼틀에다 멋진 침대까지 있었습니다. 그리고 자기들이 먹고 싶은 대부분의 과자들이 있습니다. 이렇게 네모상자 안에는 아이들이 좋아할 만한 모든 것으로 채워진 멋진 곳이었습니다. 하지만 묵직한 자물쇠가 3개나 채워져 있어서 마음대로 밖으로 나갈 수 없습니다. 즉 모든 것이 다 갖추어진 상자 속에서만 있어야 하는 것입니다. 장난감과 과자, 멋진 침대 등이 갖추어진 상자 속에 있는 아이들은 행복해 보여야 했지만 아이들은 수요일마다 오는 부모들에게 조르기 시작합니다.

> "여긴 전혀 행복하지도, 기쁘지도 않아요. 깡총깡총 신나게 뛰어다니는 토끼들, 그리고 긁적긁적 나무를 갉아대는 비버들 좀 보세요. 자기가 하고 싶은 대로 하잖아요. 우리도 그렇게 해 주세요."

모리슨은 이 책을 통해 어른들이 만든 규칙을 어린이들이 어떻게 받아들이는지 묻고 있습니다. 어른들은 마음속에 아이들을 위한 네모상자를 마련해 놓고 있습니다. 온갖 정성을 들여 네모 상자를 꾸밉니다. 이 네모 상자야말로 아이들이 지내기에 안전하고 평온한 놀이터라고 여깁니다. 그리고 자주 네모상자를 사랑과 혼동합니다.

이렇게 부모들은 가끔 자신이 만들어 놓은 네모상자 속에 자녀를 넣어 놓고 자녀들이 행복하다고 믿고 있는 것은 아닌지, 그리고 그 네모상자를 만들어 자녀들이 안전하게 자라게 하는 것이 사랑이라고, 자녀에게 자유를 준 것이라고, 그것이 자녀의 행복일 것이라는 착각하고 있는 것은 아닐까요?

부모가 만들어준 감옥 같은 곳에서 자녀들은 결코 행복할 수 없습니다. 아이들은 스스로 무언가를 할 수 있는 자유를 누릴 때 비로소 행복을 느낄 수 있습니다.

부모님들이 생각하는 행복이 아니라 자녀가 행복할 수 있는 것이 무엇인지 마음을 열고 자녀들의 이야기에 귀를 기울여야 합니다. 그리고는 과감히 네모상자를 열고 자녀와 함께 밖으로 나가야 합니다. 아무리 네모상자가 잘 꾸며지고, 정성이 들어갔다 한들 그 속에서 자라는 아이들은 결코 행복하지 않습니다.

댓 글

- 네모상자 속의 아이들…. 그렇네요~~ㅠ.
- 저도 네모상자에 우리 아이들을 가두고 있네요. 알면서도 꺼내주는 게 이리도 힘들까요.
- 아이의 손을 잡고 네모상자를 벗어나야 된다는 말씀에 완전 공감하다가 문득 세상을 살아가려면 다양한 네모상자에 적응하는 법도 배워야 하지 않을까…? 하는 불안감도 드네요.
- 사실은 우리 부모들도 네모상자 속에 아직도 갇혀 있는 건 아닐까요?
- 정말 공감되는 글입니다~ 저도 우리 아이들을 네모상자 속에 가두고 있었네요.
- 네모상자를 만든 어른들! 우리 사회의 구조와 인식도 변해야 아이들이 행복해질 수 있습니다. 상담해 주신 교수님께서 겪는 고민이 어쩌면 우리 사회의 모순과 혼동을 보여주고 있는 거 같아요! 알려주셔서 고맙습니다! 저부터 고칠게요!

Tip ▶▶

부모들이 만들어 놓은 네모상자 속에 자녀를 넣어 놓고 네모상자 안에서 자녀들이 안전하게 자라게 하는 것이 사랑이라고, 자녀에게 자유를 준 것이라고, 그것이 자녀가 좋아할 것이라는 것은 어쩌면 착각일지도 모릅니다.

5. 누구의 문제? - 첫 번째 이야기

엄마: 서둘러라. 엄마 늦겠다.

딸: 알았어요. 잠시만….

엄마: 늦었다니까. 너 놔두고 가버린다.

딸: 잠시만….

엄마: 너 지금 뭐 하느라 그렇게 꾸물거리니?

딸: 무슨 옷을 입어야 할지 모르겠어요.

엄마: 아무거나 입어라. 엄마 바쁘다고 했잖아.

딸: 옷을 입어야 가지.

엄마: 이제까지 뭐했어?

딸: 아니 무슨 옷을 입을지 고민되니까 그렇지.

엄마: 네가 모델이야? 네가 연예인이냐고. 그냥 아무 옷이나 입어라. 엄마 늦었다고 했잖아. 너는 항상 이렇게 꾸물거리니?

딸: 내가 언제 항상 꾸물거렸는데…?

엄마: (딸의 등을 후려치며) 오지 마. 나 혼자 갈 테니까. 오든 말든 네 마음대로 해.

부모님들이 자녀와 함께 외출할 때 자주 나타나는 장면들입니다. 저희 집도 마찬가지입니다. 가만히 있다가 나갈 시간이 다 되어서야 준비를 합니다. 이럴 때면 부모는 참 난감합니다. 약속시간은 다가오고 아이들은 꾸물거리고…. 그러면 부모는 협박과 강요 그리고 체벌을 동원해서 아이들을 서두르게 하지만 부모 뜻대로 되지 않습니다.

설사 성공한다 하더라도 찜찜할 수밖에 없습니다. 즐거워야 할 외출이 지옥 같은 시간이 되어버립니다. 부모 입장에서 보면 자녀가 참 얄

밉고 속상합니다. 조금만 서둘러 주면 되는데, 꼭 바쁠 때 저렇게 느릿느릿 부모 속을 태우니 말입니다. 화를 안 내고 싶고, 좋은 마음으로 가고 싶지만 그렇게 만들어 주지를 않는 거지요.

만약 이런 상황이 된다면 부모는 화를 내거나 무작정 자녀를 독촉하기 전에 한 가지를 고민해 봐야 합니다. '지금 이 상황으로 인해 화가 나고 답답한 사람은 누구인가?' 하는 것입니다. 그리고 '결과적으로 이 문제를 책임질 사람은 누구인가?'입니다.

이것을 다른 말로 표현하면 '지금 문제를 소유하고 있는 사람은 누구일까?'입니다.

따라서 부모는 어떤 문제 상황이 발생하면 무작정 화를 내고 재촉하기 전에 몇 가지 생각해 볼 필요가 있습니다.

첫째, 부모가 해결해야 할 문제
둘째, 자녀가 해결해야 할 문제
셋째, 문제가 되지 않는 문제, 즉 굳이 누가 해결하지 않고 그냥 둬도 될 문제

어떤 문제가 발생했다면 지금의 문제 상황이 위의 세 가지 중 어느 것에 해당되는지를 파악한다면 문제는 생각보다 빠르고 간단하게 해결될 수 있습니다. 자녀를 때릴 필요도, 자녀에게 큰소리 낼 필요도 없어집니다.

이것을 다른 말로 표현하면 누가 문제를 소유하느냐의 문제입니다. 부모가 해결해야 할 문제는 문제를 부모가 소유하고 있다는 것이고, 자녀가 해결해야 할 문제는 문제를 자녀가 소유하고 있다는 것입니다. 문제가 되지 않는 문제, 즉 굳이 누가 해결하지 않고 그냥 둬도 될 문제는 누구도 문제를 소유하고 있지 않다는 것을 의미합니다.

문제를 소유했다는 것은 결국 그 상황을 문제로 인식한다는 것을 의미하고, 문제로 인식한다는 것은 문제가 해결되지 않을까 봐 불안하고, 문제를 해결하기 위해 에너지를 소모해야 함을 의미합니다. 그러나 문제를 소유하지 않은 사람은 상황을 문제로 인식하지 않기 때문에 편안할 수 있습니다. 그래서 문제를 소유한 사람이 문제를 소유하지 않은 사람을 보면 답답하고, 화가 나고, 짜증이 나는 경우가 많습니다.

위의 상황을 다시 한 번 보면, 부모는 약속시간에 늦을 것 같아 불안한데 자녀는 늑장을 부리고 있는 상황입니다. 누가 문제를 소유하고 있을까요? 엄마일까요? 자녀일까요? 지금 문제를 소유하고 있는 사람은 엄마입니다. 왜냐하면 약속에 늦을까 불안한 사람은 엄마이고 이것 때문에 화가 난 사람이 엄마이기 때문입니다. 문제를 엄마가 소유했기 때문에 문제를 해결해야 할 사람도 엄마입니다.

댓 글

- 5살 저희 딸이랑 비슷하네요~5살이 공주병에 걸려 드레스만 고집합니다. 이 추운 날에 두요… 화장실에서 볼일 볼 때도 불편할 텐데 말이죠. 등원하기 전에 옷 서랍을 엉망으로 해 놓습니다~그래서 저는 옷 3벌을 아이 잘 때 골라 놓고 아침에 3벌 중에서 고르게 합니다. 나름 신중하게 고르는 모습이 귀여워요. 5살 아이가 옷을 고르고 무지 흐뭇해 합니다.
- 눈에 어떤 그림인지 선합니다. 교수님 말씀대로 어떤 사람의 문제냐에 따라 화내는 모습이 다르더라구요.
- 저는 애들 셋한테 어릴 적부터 알아서 하라는 방목식으로 키워서 자기 일들은 자기들이 다 알아서 합니다. 미리 나갈 시간을 얘기해주기만 하면 준비 끝^^. 여행 간다고 자기 물건 챙기는 것도 가방만 하나 주면 자기 필요한 거 딱 챙겨 자기가 들고 가게 하고 뭐든 큰 틀만 제가 정해주고 모든 걸 애들 스스로 하도록 합니다.
- 이글은 절대 공감 가는 이야깁니다~ㅎㅎㅎㅎ. 막 찔리네요 ^^*

Tip ▶▶

문제 상황이 발생하면 그 문제를 누가 소유했는지 곰곰이 생각하면 문제 해결의 열쇠가 보일 겁니다.

6. 누구의 문제? - 두 번째 이야기(부모가 소유한 문제)

엄마: 너, 엄마가 일찍 들어오라고 했지? 지금이 몇 시인데 이제 들어와?

딸: 아직 12시도 안 지났는데….

엄마: 12시도 안 지났다고? 너 지금 일찍 왔다고 생각하는 거야?

딸: 오늘 바빴다고요. 늦을 만한 이유가 있으니까 늦지.

엄마: 늦을 만한 이유 좋아하네. 또 놀다가 늦었겠지.

딸: 내가 자고 온 것도 아니고 새벽에 들어온 것도 아닌데 왜 그래?

엄마: 너 때문에 지금 잠도 못 자고 있잖아.

딸: 누가 자지 말래? 그냥 자면 되잖아.

엄마: 말하는 것 좀 봐. 지금 누구 때문에 못 자고 있는데 그런 말을 해?

딸: 내가 못 자게 한 것도 아니고, 엄마가 안 잔 거 가지고 왜 내 탓을 하냐고….

엄마: 네가 일찍 들어왔어봐라. 내가 이러나.

딸: 내가 무슨 어린애도 아니고. 나한테 왜 이러는데?

엄마: 어디서 자꾸 말대꾸야. 맞아야 정신을 차릴 거야.

딸: 항상 협박이야.

엄마: 네가 엄마 말 잘 들어봐라. 엄마가 이러나….

오늘은 문제 소유에 대한 두 번째 이야기를 해 볼까 합니다. 위의 대화를 잘 살펴보시고, 누가 문제를 소유하고 있는지 생각을 해 보시기 바랍니다. 문제를 소유하고 있다는 것은 상황을 문제로 인식하고 있다는 이야기가 됩니다.

생각해 보셨습니까? 여러분은 지금 문제를 소유한 사람은 누구라고 생각하십니까? 그렇습니다. 엄마일 가능성이 큽니다. 문제로 인식하고 있기 때문에 불안하고, 초조하고, 에너지를 소모하고 있는 것입니다.

그럼 엄마가 무엇을 문제로 인식하고 있을까요? 딸의 늦은 귀가입니다. 엄마는 늦게 귀가한 딸이 못마땅합니다. 엄마와의 약속을 지키지 못한 것과 반성하지 않는 딸에 대해 서운하고 화가 나 있는 상황입니다. 반대로 딸은 그런 엄마를 이해하지 못하고 있습니다.

이럴 때 이 문제 상황을 어떻게 풀어 갈 수 있을까요?

방법은 두 가지가 있을 수 있습니다.

첫째는 딸이 엄마의 마음을 이해하고 엄마의 기대대로 일찍 들어오는 겁니다. 둘째는 엄마가 딸의 귀가에 대해서 마음을 비우고 몇 시에 들어오든지 신경을 안 쓰는 것입니다.

두 번째는 엄마로서 취하기가 매우 어려운 방법입니다. 부모로서 가장 좋은 상황은 딸이 엄마의 마음을 이해하고 일찍 들어와 주는 것입니다. 그러나 엄마의 마음을 헤아리며 일찍 들어와 줄 딸이 과연 얼마나 있겠습니까?

이런 상황에서 부모가 할 수 있는 전혀 다른 방법은 누가 문제를 소유하고 있느냐를 고민해 보는 것입니다. 위의 상황에서 문제를 소유하고 있는 사람은 엄마입니다. 이렇게 부모가 문제를 소유하고 있을 때에는 자녀로 하여금 부모를 돕게 하는 방법을 사용하는 것이 문제를 풀 수 있는 효과적인 방법이 될 수 있습니다. 예를 들면, 바쁜데 늑장을 부리는 자녀가 있다면 이 역시도 부모가 문제를 소유하고 있는 것입니다. 이때는 부모가 자녀를 때리거나 협박하기보다는 '○○아 엄마가 지금 약속시간에 늦었거든. 그래서 엄마가 바빠. ○○이가 조금만 서둘러 주면 좋겠는데. 엄마를 좀 도와주지 않을래?'라고 자녀로 하여금 부모를 돕게 만드는 방법을 사용하는 것이 좋습니다. 부모가 자녀에게 도움을 요청하는데 매몰차게 그것을 거절할 자녀는 거의 없을 겁니다. 물론 이것이 만병통치약은 아닙니다. 그러나 최소한 때리거나 협박하거나 화를 내는 것보다는 훨씬 더 효과적입니다.

위의 상황을 다시 한 번 재구성해 볼까요?

엄마: 요즘 세상이 너무 무서운데 네가 너무 늦게 들어와서 엄마가 걱정이 많이 되는데 조금만 일찍 다녀 주면 고맙겠는데, 엄마가 불안하지 않게 도와주지 않을래?

딸: 내가 어린애도 아니고 뭘 걱정해요. 걱정하지 말고 자요.

엄마: 알아. 그래도 엄마니까 불안하네.

딸: 음…. 오늘은 시간이 이렇게 많이 지난 줄 몰랐어.

엄마: 그래. 놀거나 바쁘다 보면 시간 가는 줄 모를 수 있어. 그리고 엄마도 걱정 안 하고 싶은데 그게 잘 안 되네. 엄마도 노력할 테니까 너도 11시 전에 들어와 줄 수 없을까? 아니면 중간중간에 문자나 전화를 해 주든지. 엄마가 걱정이 좀 안 되도록 네가 좀 도와줘.

딸: 알겠어. 나도 노력할게.

물론 실제 상황에서 이렇게 이야기가 잘 풀릴지는 의문이지만 그래도 한번 시도해 보세요. 아마 다른 방법보다는 훨씬 더 효과가 있을 겁니다. 문제를 소유한 사람이 그 문제를 해결하기 위한 노력을 더 해야 하기에 만약 문제를 부모가 소유하고 있다면 자녀에게 문제 해결을 할 수 있도록 도움을 요청해 보세요. 자녀가 응답할 겁니다.

댓글

- 좋은 부모 되기가 힘들어요~^^;; 근데 교수님이 가르쳐주신 방법대로 실천한다면 좋은 부모가 꼭 될 수 있을 것 같네요~~^^
- 아이들과의 대화에서 인내가 많이 필요한 저에게 좋은 대화방법을 알려주셔서 감사합니다. 아이들 대할 때 말투가 교수님 덕분에 많이 부드러워지는 거 같아요~ 욱할때도 있지만 많이 노력하고 있답니다.
- 아…. 우리 집 상황과 너무 닮았네요. 내가 도움을 요청하면 될 문제를 애만 잡았네요….
- 그렇군요. 부모가 아이에게 도움을 요청하는 방법이 있었네요. 감사합니다.
- 내가 도와달라고 하면 '싫어'라고 하면 어쩌지요? 우리 애는 충분히 그러고도 남을 것 같은데요. ㅠㅠ

Tip ▶▶
부모가 문제를 소유하고 있을 때에는 자녀로 하여금 부모를 돕게 하는 방법을 사용하는 것이 문제를 풀 수 있는 효과적인 방법이 될 수 있답니다.

7. 누구의 문제? - 세 번째 이야기(자녀가 소유한 문제)

부모: 아들! 요즘 얼굴이 많이 안 좋은데 무슨 일 있어?

아들: 아니에요.

부모: 아닌 게 아닌데. 말해 봐 무슨 일인지.

아들: … 괜찮아요.

부모: 괜찮기는 뭐가 괜찮아. 말해 봐, 어서.

아들: … 음… 음….

부모: 그렇게 답답하게 말하지 말고 시원하게 이야기 좀 해 봐라.

아들: 사실은 선생님이 저만 미워하는 것 같아요.

부모: 뭐? 선생님이 너만 미워한다고? 그게 말이 되니? 네가 잘못한 게 있으니까 그런 거지.

아들: 아니에요. 잘못한 게 없는데도 저만 그래요.

부모: 그게 말이 되나?

아들: 왜 제 말을 안 믿어요. 분명히 저만 미워하는 게 맞다니까요.

부모: 자꾸 그런 식으로 생각하지 말고 네가 무엇을 잘못했는지 잘 생각해 봐라. 선생님이 이유 없이 그러겠어?

아들: 아니라니까요. 엄마는 잘 알지도 못하면서.

부모: 모르긴 뭘 몰라. 네가 지금 이렇게 나오니까 선생님이 그러시지. 왜 너는 네 잘못에 대해서는 생각을 안 하니?

아들: 알겠어요. 다 내가 잘못했네요.

부모: 또 봐라. 옳은 이야기를 하면 들어야지. 저렇게 또 삐딱하게 나온다.

오늘은 문제 소유에 대한 세 번째 이야기를 해 볼까 합니다. 오늘도 위의 대화를 잘 살펴보시고, 누가 문제를 소유하고 있는지 생각해 보기 바랍니다. 누가 문제를 소유하고 있다고 생각하십니까?

그렇습니다. 오늘은 아들이 문제를 소유하고 있을 가능성이 높습니다. 지금 아들은 자신이 선생님으로부터 차별을 당하고 있다고 생각하고, 이것 때문에 힘들어하고 있는 상황입니다. 지금 이 상황에서 불안하고, 에너지를 소모하는 쪽은 아들입니다.

이럴 때 부모는 문제를 어떻게 풀면 될까요?

지난번 부모가 소유한 문제에 대해서는 부모가 자녀에게 도움을 요청하는 방식으로 문제를 해결할 수 있음을 권면해 드렸습니다. 그렇다면 자녀가 소유한 문제에 대해서는 어떻게 하면 좋을까요?

두 가지 정도의 방법을 권해드립니다.

첫째는 자녀가 문제를 해결할 수 있도록 적극적으로 개입하는 것입니다. 개입을 할 때에는 조심해야 할 것이 하나 있습니다. 자녀가 소유한 문제는 반드시 자녀 스스로 문제 상황을 해결하도록 해야 한다는 것입니다. 자녀가 소유한 문제에 대해서 부모가 개입하기를 원한다면 '부모가 도와준다'는 인식을 남겨야 합니다. 따라서 자녀가 문제를 소유하고 있을 때에는 '내가 도와줄 수 있는 것이 없니?'라고 자녀에게 물어보는 것이 좋습니다. 자녀가 소유한 문제를 풀어야 할 사람은 자녀이기 때문에, 부모가 그 문제를 풀어줘서는 안 되고 풀 수도 없습니다. 부모는 자녀가 소유한 문제를 풀어야 할 주체가 아니라 자녀가 해결할 수 있도록 도움을 주어야 할 조력자입니다. 조력자는 절대 답을 제시해서는 안 되고 다만, 문제를 푸는 주체에게 다양한 선택을 할 수 있도록 도우는 역할에 충실한 것이 좋습니다.

두 번째 방법은 자녀가 스스로 해결하도록 믿고 기다리는 것도 좋은 방법입니다. 상황이 위험하거나 생명과 직결된 문제가 아니라면 스스로 고민하고 답을 내릴 때까지 부모는 지지하고 기다려 주는 것도 좋습니다. 비아냥거리거나 자녀의 행동을 비판하기보다는 자녀의 감정에 공감하고, 지지하고, 스스로 답을 내릴 수 있도록 기다려주고, 자녀가 내린 결론에 대해서 진지하게 서로 이야기를 하면 문제를 푸는 데 도움이 될 것입니다.

저의 경험을 하나 이야기하자면, 퇴근하고 집에 들어가니 큰아이가 자기 방 책장에 있는 책을 모두 빼서 방바닥에 놔두고는 무언가를 찾고 있었습니다. 책이 꽤 많아 정리하기가 만만치 않을 것 같아서 아들에게 물었습니다.

아빠: 책을 다 내려놨네.
아들: 네. 뭐 좀 찾으려고요.
아빠: 그래? 찾았어?
아들: 아니요. 어디에 뒀는지 모르겠어요.
아빠: 아빠가 좀 도와줄까?
아들: 아니요. 저 혼자 할 수 있어요.
아빠: 그래? 혼자 할 수 있겠어?
아들: 네. 혼자 할 수 있어요.
아빠: 그래. 그럼 도움이 필요하면 아빠에게 이야기해.
아들: 네. 그럴게요.
아빠: 그리고 방에 내려놓은 책은 정리해야지?
아들: 네. 알겠어요.
아빠: 그래. 아빠 도움이 필요하면 불러도 된다.
아들: 네.

방을 어질러 놓은 자녀를 보면 화가 납니다. 그래서 부모는 책을 치우고 자녀를 야단칩니다. 이러한 방법은 결국 좋은 결과를 가져오지 못한다는 것을 부모는 너무나 잘 알고 있습니다. 자녀가 소유한 문제는 자녀 스스로 해결할 수 있도록 하는 것이 문제 해결에 가장 효과적입니다.

자녀 스스로 문제를 해결할 수 있어야 똑같은 상황이 오면 스스로 그것을 해결할 힘을 가지게 됩니다. 만약 자녀가 가진 문제에 부모가 개입하기를 원한다면 '내가 도와줄 수 있는 것이 없니?'라고 접근하는 것이 좋다는 것을 기억하십시오. 부모가 문제를 해결하는 것이 아니라 문제해결은 자녀 스스로 하고 부모는 단지 조력자의 역할을 하는 것이 좋습니다.

댓 글

- 조력자의 역할 잘할 수 있도록 노력하겠습니다~~^^
- 저희 집 이런 경우 두 번 ㅠㅠ 큰아들 중 3, 작은아들도 중 3, 지금은 지난 과거라 생각하며 내가 그때 왜 그랬지? 하지만 당시엔 참 힘들었어요. 부모로서 마땅히 해줄 말도 없고 그렇다고 선생님께 왜 그러시냐고 물어볼 수도 없고…. 저는 두 아들과 대화를 참 많이 했습니다. 그러다 보니 자연스레 지나가더라구요. 하지만 그땐 참 힘들었었다는 기억은 남아 있네요^^
- 교수님께 많이 배우게 되네요. 조금만 일찍 만났더라면 큰놈도 더 잘 키울 수 있었을 텐데 하는 작은 미련이….
- 맞네요…. 자녀의 문제는 자녀 스스로 해결할 수 있도록 해 줘야 하는데…. 그게 왜 이리 힘들까요? ㅠㅠ
- 아… 반성합니다… 애들에게 사과해야 될 같네요.

Tip ▶▶

부모는 자녀의 과정에 개입할 때 두 가지를 기억해야 합니다. 첫째는 부모가 자녀의 과제에 개입해도 되는지 물어봐야 하며, 둘째는 부모가 도운다라는 인식을 자녀가 가질 수 있어야 합니다.

8. 이걸 몰라? 이해가 안 되네

학생들을 가르치다 보면 하지 않아야 하는데 버릇처럼 자주 하는 말이 '왜 이걸 몰라?', '왜 이걸 이해를 못 해', '이 쉬운 것을 왜 모르니?'입니다. 가르치는 입장에서 보면 너무 쉽고 간단한 것인데 이해를 못 하고 있는 학생들이 진짜 이해가 안 됩니다. 더군다나 제가 목에 피가 나올 듯이 설명하고 또 설명하고 했음에도 불구하고 이해를 못 하고 있는 학생들을 보면 화가 날 때도 있습니다.

저는 열정적으로 쉽게 설명하면 모든 학생들이 쉽게 이해할 줄 알았습니다. 40여 명의 학생 중 최소한 30명 이상은 이해를 할 것이라고 확신을 했습니다. 그러나 실상은 이해하는 학생은 40명 중 10명이 되지 않는 것을 보면서 깊은 한숨이 나오곤 합니다. 이렇게 쉽고 간단한 것을 어렵게 생각하고 이해를 못 하고 있는 학생들을 보고 있자니 '내가 더 이상 어떻게 쉽게 설명하지?'라는 생각이 듭니다.

'노래 맞추기'라는 게임이 있습니다. 한 명이 노래의 리듬에 맞추어 책상을 두드리면, 다른 사람들은 오직 그 리듬만으로 노래 제목을 맞추어야 하는 게임입니다. 그런데 재미있는 것은 리듬에 맞추어 책상을 두드리는 사람은 열정적으로 리듬을 두드리지만 정작 듣는 사람들은 그것이 도무지 무슨 노래인지 알지 못한다는 것입니다.

엘리자베스 뉴턴이라는 학자가 노래 맞추기 게임을 가지고 박사학위 논문을 씁니다. 그는 하나의 실험을 했습니다. 실험에 참가한 사람들을 A 그룹과 B 그룹으로 나누고 A 그룹은 노래의 리듬을 탁자에 두드리게 하고, B 그룹은 그것을 듣고 노래 제목을 맞추도록 했습니다. 뉴턴은 노래의 리듬을 두드리는 A 그룹에게 미국인이라면 누구나 알만한 120곡의 노래 목록을 주었고, 그중에 한 곡을 골라 노래에 맞추어 책상을 두드리라고 했습니다. 그러면 B 그룹은 오직 그 리듬만을 듣고 노래 제목을 맞추는 것입니다. 그렇다면 과연 B 그룹은 노래제목을 몇 개나 맞추었을까요? 결과는 120곡 중에 겨우 3곡을 맞추었습니다. 그러니까 거의 대부분의 사람들이 못 맞춘 것입니다.

뉴턴은 A 그룹에게 '당신이 두드린 리듬을 듣고 B 그룹이 노래 제목을 맞출 확률이 얼마나 될까요?'라고 짐작해 보라고 했습니다. 실험자들은 맞출 확률이 무려 50%라고 대답했습니다. 그러나 실제로는 120곡 중 겨우 3곡밖에 맞추지 못했습니다.

왜 이런 현상이 벌어진 것일까요? 이는 직접 게임을 해보면 알 수 있는데요. 머릿속에 생일축하 노래를 떠올리며 리듬에 따라 책상을 두들겨 보면 두드리는 사람은 자신의 귀에 들리는 리듬이 생일축하 노래와 꼭 일치한다고 느낍니다. 그런데 듣는 사람에게는 타닥대는 모스부호처럼 들립니다. 대부분의 사람들은 그 소리를 듣고 어떠한 멜로디를 유추하기가 매우 어렵습니다. 그런데도 리듬을 두드리는 사람은 다른 사람들이 대부분 그 노래를 맞출 것이라고 생각합니다. 그 이유가 무엇일까요?

전문가들은 이것을 '지식의 저주'에 빠져 있기 때문이라고 합니다. 이미 무언가를 알고 있는 사람은 그것을 모르는 사람을 이해하기가 쉽지 않다는 것입니다. 특히 내가 알고 있는 것이 상식적인 것이라고 생각하면 더욱 그렇습니다. 내가 상식이라고 생각하는 것이 상대방에게는 상식이 아닐 수도 있음에도 그것이 상대방에게도 당연히 상식적인 것이라고 내가 생각하면 상대방이 모르는 것이 절대 이해될 수가 없습니다. 부모와 자녀, 교사와 학생, 남편과 아내 사이에서 흔히 발생하는 문제입니다.

부모는 자녀와의 관계에서 이미 알고 있는 것이 많습니다. 교사도 마찬가지입니다. 학생과의 사이에서 교사가 가르칠 내용은 교사가 이미 알고 있는 것입니다. 그런데 부모나 교사가 이미 알고 있는 내용이, 자녀나 학생들도 상식적으로 당연히 알고 있을 것으로 생각하고 대하는 순간 교사와 부모는 '지식의 저주'에 휩싸이게 됩니다. 마치 익숙한 리듬을 책상에 두드리면서 타인도 당연히 이것이 무슨 노래인지 알 것이라고 착각하는 것과 마찬가지라는 것입니다.

이렇게 지식의 저주에 빠지게 되면 당연히 상대방을 무시하게 됩니다. 그리고 비난하게 됩니다. 이런 상식적인 것을 알지 못하는 것에 대해, 다른 사람들은 다 알고 있는데 모르고 있다는 것에 대해, 설명을 해도 이해를 못 하는 것에 대해 무시하고 비난하게 되는 것입니다.

그러나 내가 쉽고, 상식적인 것이라고 생각하는 것이 타인에게도 그런 것은 아니다는 것을 한 번쯤 생각을 해야 할 것입니다. 부모가 생각하기에, 부모나 교사가 생각하기에 당연히 알고 있는 상식적인 일이 어쩌면 자녀나 학생들에게는 상식적인 것이 아닐 수도 있다는 것입니다.

그렇기에 내가 알고 있다고, 내가 이해했다고, 다른 사람들도 당연히 나처럼 그렇게 될 것이라고 생각하는 '지식의 저주'를 조심해야 될 것 같습니다.

댓글

- 아, 정말 그랬네요. 그래서 상처를 주고받고 했네요.
- 공감하는 사건이 우리 아이에게도 있었습니다. 고2 학생인데 권위적이고 구세대적인 방식의 교사들로 인해 이성문제가 얽힌 적이 있어 힘들었습니다. 남녀는 친해도 안 되며 거리를 두어야 한다고 남녀칠세부동석 시절인 저희 때의 방식을 취하다 보니 아이가 크게 상처받았습니다. 결국은 여자친구와 다투다 헤어지고 힘들어하는 아이를 보면서 아직도 예전 우리네 사고방식을 적용하는 교사들의 가르침을 보면서 한숨이 나왔습니다. 노파심에 그랬다는 말에 더 기가 막혔습니

다. 요즘 아이들의 세대가 어떤 세대인가 저러실까 싶어서 답답하기만 했습니다.

- 맞네요~ 그래서 첫째 아이에게 한글을 가르치면서 얘가 왜 이럴까? 이걸 왜 못해~ 하고 화를 냈나 봅니다.
- 지식의 저주~~음~ 그거였군요! 아이들과 더 가까이 갈 수 있도록 저주를 풀어야겠어요.
- 우리 아이들이 초등학교 다닐 때 앉혀놓고 공부를 가르칠 때가 생각납니다. 몇 번 설명을 해도 못 알아들으면 큰소리를 내고 그러면 아이들은 전에 배운 것도 백지상태로 만들고 이런 일들이 반복되다 보니 어느 날부터 학원으로 내몰게 되더라고요. 교수님 말씀이 맞네요. 당연히 설명을 했으면 알아들었으리라는 나만의 기준으로 아이들을 혼내고 답답해했던 게 아닌가 지금이라도 반성을 해야겠습니다.

Tip ▶▶

누군가에는 상식이 누군가에게는 특별한 것일 수 있습니다. 내가 쉽다고 해서 타인도 쉬울 것이라는 생각은 잠시 닫아 주세요.

9. 오만한 부모

부모: 너 어디서 뭐 하느라 이제야 들어와?

아들: 친구하고 뭐 좀 하느라고.

부모: 친구하고 뭐할 게 있어? 쓸데없는 짓만 하지.

아들: 쓸데없는 짓 안 했거든요.

부모: 그럼 뭐 했는데?

아들: 수행평가 때문에 이곳저곳 조사하고 다녔어요.

부모: 수행평가 조사를 꼭 이런 늦은 시간까지 해야 되나?

아들: 하다 보니까 멈출 수가 없어서….

부모: 낮에 해도 되고 주말에 해도 되잖아. 근데 꼭 엉뚱한 짓 하다가 늦은 시간까지 이렇게 하지. 하여튼 하는 게 왜 다 그 모양이야?

아들: 놀다 온 것도 아니고 조금 늦은 것 가지고 너무 하네….

부모: 너무 하긴 뭐가 너무해. 그러니까 미리미리 해 놓으면 내가 왜 너한테 이러겠냐고.

아들: 알겠으니까 그만 해요.

부모: 그만 해? 뭘 잘했다고….

아들: 내가 잘못한 건 뭐가 있는데요. 조금 늦은 것 가지고 왜 자꾸 이상하게 나가냐고.

부모: 뭐가 이상해? 평소 네가 잘해 봐라. 내가 이러나….

아들: 후유…. 말이 통해야지… 말을 하지.

부모: 뭐라고? 네가 그렇게 나오니까 말이 안 통하지. 네가 잘 못한 건 생각 안 하고 어디서 반항이야.

자녀가 무슨 이야기를 해도 듣지 않고 오직 자기 이야기만 하시는 부모님들이 있습니다. 듣기는 듣는데 자신의 말에 수긍하고, 자신과 의견이 같고, 자신의 말에 복종하는 말만 선택적으로 듣습니다. 이런 분들은 자신의 말은 항상 옳고 바르다는 일종의 '근거 없는 신념'을 가지고 있습니다.

이런 분들과 대화를 하면 답답합니다. 남의 말을 안 듣기 때문에 설득도 힘들고, 애써서 이야기해도 다음에 만나면 똑같은 말을 반복합니다. 자신의 근거 없는 신념을 절대 바꾸려고 하지 않습니다. 오히려 자신의 신념으로 저를 설득하려고 하고, 저에게 자신의 신념을 주입하려고 합니다. 자칭 전문가라는 저도 힘이 드는데 아무런 힘도 없고 저항도 못하는 자녀들은 얼마나 힘이 들까요?

이런 분들은 자기 생각과 말은 항상 옳습니다. 자녀들은 어리고 철이 없고 세상 물정을 모르기 때문에 잘못 생각하고 있기 때문에 자녀들의 의견을 받아들이지 않는다고 생각합니다. 이분들에게 있어 의견이 다른 사람은 어떤 문제에 대해 오해를 하고 있거나, 현실을 아예 모르는 철부지이거나, 생각이 짧거나, 생각이 없어서 저렇게 이야기한다고 굳게 믿습니다.

이렇게 답을 미리 정하고, 그 답이 진리라고 믿는 분들과의 대화는 힘이 듭니다. 그러니 자녀가 이런 부모를 만나면 오죽 답답하고 화가 날까요? 이런 부모 밑에서 자란 아이들은 공감능력이 약할 가능성이 높습니다. 자녀를 부모가 다 만드는 것은 아니기에 공감능력이 낮은 부모 밑에 자란 자녀도 반드시 그런 것은 아니지만 결국 자신이 공감받지 못하면 타인에 대한 공감능력이 낮아질 수밖에 없습니다.

혹시 자녀가 부모와는 반대로 공감능력이 높은 자녀로 성장하였다고 해도 부모는 여전히 타인의 말에 대해 귀를 기울이지 않고, 나이가 들어도 여전히 자기의 주장만 고집하고 살아갈 것입니다. 분명한 것은 이런 삶은 행복과 거리가 아주 멉니다. 나름 열심히 살아왔고, 노력했고, 최선을 다해 인생을 살아왔다 하더라도 내면의 질적 수준은 매우 낮을 가능성이 높습니다.

'내가 생각하는 것이, 내가 알고 있는 것이, 내가 경험한 것이 모두 정답이거나 옳은 것은 아닙니다.' 가끔은 자녀의 말에도 귀를 기울이고 들어야 할 순간이 있는 것입니다.

댓 글

- 이런 분들이 많아진다는 사실~ 머리에 지식을 많이 채우기보다 가슴에 지혜를 많이 품기를 ~ 저도 무지 많이 노력해야겠네요.
- 마음이 아프네요. 제 자신의 이야기인 것 같아 눈물이 납니다.
- 저 또한 오만한 부모였네요… 저희 집과 너무 똑같이 반복되는 상황이라 깜놀했네요.
- 제 자신을 돌아보게 되는 글이었습니다. 늘 감사합니다.
- 뜨끔~ -_-;;; 옆에서 보던 중1 딸아이가 비슷하네 하는 소리에 뜨끔 두 번… 했네요.
- 오늘도 무지하게 찔리고 있습니다~~^^ 오늘은 문득 울 남편을 이 밴드로 초대해 볼까 하는 생각이 들었어요. 중2 딸이 하나 있는데 어떻게 대해야 할지를 몰라 멀뚱멀뚱합니다. 꼭 딸이라서가 아니라 우리 아이들을 대할 때 적어도 멀뚱거리지는 않을 듯하네요~~^^

Tip ▶▶ '내가 생각하는 것이, 내가 알고 있는 것이, 내가 경험한 것이 모두 정답이거나 옳은 것은 아닙니다.'

10. 내가 이럴 줄 알았다

예전 초등학교와 중학교에 다니던 시절 선생님들께 많이 들었던 말 중 하나가 '내가 너 이럴 줄 알았다.'입니다. 성적이 나온 후, 체육시간에 달리기를 하다가 넘어진 후, 청소를 하다가 무언가를 깨뜨린 후, 친구랑 싸움을 하다가 어딘가 심하게 다친 후 등 어떤 결과가 나오면 선생님께서는 늘 '내가 너 이럴 줄 알았다.'를 습관처럼 말씀하셨습니다.

마치 우리의 결과를 미리 예측한 것처럼 혀를 차면서 말씀하셨습니다. 선생님의 말씀에 저희들은 '역시 선생님이구나!' 하는 생각을 하며 존경의 눈빛을 보냈습니다.

저 또한 교사가 되고 나니 예전 저의 선생님들께서 그러셨듯이 제자들에게 '내가 너 이럴 줄 알았다.'를 자주 합니다. 제자들뿐만 아니라 제 아들들에게도 이렇게 말합니다. 제자들이나 아이들에게 무슨 일이 생기면 습관처럼 '내가 너 이럴 줄 알았다.'라고 하며 '조심하라'고 경고를 보냅니다. 한 번은 막내가 저에게 묻습니다.

"아빠! 아빠는 형이 저렇게 될 줄 진짜 알았어요?"

"응?"

"아빠는 그럴 줄 알았다고 했잖아요. 그러니까 진짜 알고 있었냐고요?"

사실은 제가 무슨 신도 아니고 결과를 어떻게 예측하고 맞출 수 있겠습니까? 그런데도 저는 아이들에게 어떤 일이 일어나리라는 것을 처음부터 알고 있던 것처럼 말을 하고 있었습니다.

흥미로운 것은 '내가 그럴 줄 알았다.'라고 말을 하는 사람들은 본인이 결과를 예측했다고 강하게 믿는다는 것입니다. 특히 어른이 되어서 자녀들이나 청소년들의 행동을 보면 많은 것들이 예측됩니다. 그러다 보니 어른들은 자녀나 청소년들에게 어떤 일이 벌어지면 미리 그것을 처음부터 알고 있었다고 굳게 믿습니다. 예를 들어 축구경기를 보다가 골을 먹으면 '내가 저렇게 뛸 때부터 골을 먹을 줄 알았어.'라고 말합니다. 이것은 '나는 이미 저런 일이 일어날 줄 처음부터 알고 있었어.'라는 말입니다.

어떤 일의 결과를 알고 나면, 그 일이 일어나리라는 것을 처음부터 알고 있었던 것처럼 믿는 사람의 인지적 편향을 '사후 확신 오류' 혹은 '사후 확신 편향'이라고 합니다. 대니얼 커너먼이라는 행동경제학자가 주장한 이론입니다.

이러한 사후 확신 오류가 일어나는 원인에 대해서는 여러 가지 모델과 이론이 존재하지만 간단히 정리하면 다음과 같습니다.

해당 사건을 회상하는 프로세스를 통해 발생했던 사건과 관련 있어 보이는 부분은 강화되고, 해당 결과와 관련이 없거나 미약한 부분은 축소되게 됩니다. 즉, 우리는 결과를 보고 내가 그전에 생각했던 것들 중 조금이라도 관련이 있는 것은 결과와 밀접하게 관련을 짓고, 관련이 없는 것들은 아예 지워버리는 것입니다.

이러한 사후 확신 오류는 매우 위험한 결과를 가져오기도 합니다. 그 이유는 사람들로 하여금 자신이 훌륭한 예언가라고 믿게 만들기 때문입니다. 그것은 우리를 오만하게 만들고 그릇된 판단을 내리도록 하며, 사람들은 제각각 자신만의 가설을 세우고 이미 일어난 결과에 그럴듯하게 끼워 맞춘 후, 순전히 개인적인 의견을 근거로 잘못된 결론을 내리게 되는 것입니다.

예를 들어 아이가 접시를 들고 가다가 떨어뜨리면 우리는 '내가 너 이럴 줄 알았다.'라고 합니다. 즉, 아이가 접시를 떨어뜨릴 줄 알았다는 것입니다. 그러면 당연히 아이의 행동은 비난받게 되어 있습니다. 왜 그랬는지, 무엇 때문에 그 일이 일어났는지는 중요하지가 않습니다. 이미 알고 있었기 때문에 변명의 여지가 없어지는 것입니다.

그런데 접시를 깰 줄 미리 알았으면 아이를 보고 조심하라고 미리 말을 하든지, 아니면 접시를 들고 가지 말라고 하든지, 그것도 아니면 대신 들고 가야 하는데 그런 행동은 전혀 하지 않고 '그럴 줄 알았다.' 라고만 말하고 상대를 비난하게 됩니다.

어쩌면 우리는 우리 자녀나 청소년들을 바라보면서 너무 많은 사후 확신 오류에 빠져 있지는 않은지 생각해 볼 필요가 있습니다. 습관처럼 내뱉는 '내가 너 이럴 줄 알았어.'라는 인지적 편향에 빠져 있지는 않은지 말입니다. 누구도 정확한 예측을 하는 예언가는 없습니다. 아무리 유명한 무당도 자신의 운명을 모르듯, 유명한 경제학자도 자신의 주식은 언제 오를지 모릅니다. 다만 결과를 보고 마치 내가 다 알고 있었던 것처럼 할 뿐입니다.

그러니 어떤 일이 일어나기 전에 미리 그런 행동이 일어나지 않게 행동을 취하지 않았다면 그저 결과만을 보고 '내가 너 이럴 줄 알았어.'라는 말은 이제 그만 좀 넣어 두어도 될 것 같습니다.

댓글

- 별 뜻 없이 내뱉는 '내 그럴 줄 알았다'가 별거 아닌 듯해도 스물스물 상대의 자존감을 낮추기도 한다는 걸 다시 한 번 느끼며 항상 긍정적 시각이 되도록 노력해 봅니다~
- 아무 생각 없이 무심코 한 말들이 이런 어처구니 없게 사람들의 자존감을 낮추는 말이라니…. 또 다시 반성하고 말에 대해 생각해 봅니다. 항상 올려주시는 글들을 통해 날 비추어보며 배워갑니다. 또한 서투르지만 고쳐 보려고 해보겠습니다. 잘 안 되지만 말입니다.
- 제가 어릴 때 참 많이 들었던 말이지요. 특히 어머니께…. '그래 니가 부엌에 있는 줄 알았다. 어째 시끄럽더라~~~'라는 식의 말들… 덕분에 저는 자존감 바닥인 아이로 자라 항상 남의 눈치 보는 때가 많았습니다.
- 무심히 또는 걱정의 또 다른 표현이라고 믿고 뱉은 나의 말이 아이에게 또 다른 꼬리표를 달아준 것 같아 너무 괴롭네요. 말 한마디 한마디가 매보다 더 큰 상처를 줄 수 있다는 것을 매일 가슴에 새기며 살아가야 할 것 같습니다.

Tip ▶▶

'내가 너 이럴 줄 알았다.'라는 말보다는 '괜찮아?'라는 걱정의 한마디가 훨씬 좋은 대화입니다.

11. 비교라는 비극

어릴 때 재미있게 보고 들었던 『백설공주와 일곱 난쟁이』이라는 소설이 있습니다. 공주로 왕궁에서 살다가 계모 왕비에게 쫓겨나 일곱 난쟁이와 생활하던 중 자기를 쫓아낸 계모 왕비가 준 독이 든 사과를 먹고 잠들게 되고, 그런 공주를 왕자가 깨어 같이 행복하게 살았다는 이야기입니다. 요약하자면 계모 왕비의 온갖 핍박에도 착한 마음 하나로 이겨냈다는 겁니다.

등장인물 중 가장 나쁜 사람은 계모 왕비입니다. 백설공주를 너무 미워해 공주를 죽이려고까지 합니다. 그런데 처음부터 계모 왕비가 공주를 싫어했던 것은 아닙니다. 공주를 미워하게 된 결정적 계기는 거울에게 이 질문을 던진 직후부터입니다.

"거울아 거울아 이 세상에서 누가 제일 예쁘니?"

왕비는 자기 자신이 세상에서 가장 예쁜 여자라고 생각하고 있었기에, 당연히 거울도 그럴 거라고 생각하고 물었을 것입니다. 그런데 눈치 없는 거울은 이렇게 말을 합니다.

"왕비님은 정말 아름다우십니다. 눈부시게 아름다우신 분입니다."

이렇게 말을 시작합니다. 사실은 여기서 끝이 났어야 했습니다. 그런데 망할 거울은 계속해서 말을 합니다.

"그렇지만 왕비님이 이 세상에서 가장 아름다우신 것은 아닙니다. 왕비님도 아름다우시지만 가장 아름다우신 분은 백설공주이십니다."

왕비는 화가 났습니다. 그때부터 왕비는 공주를 미워하고 왕궁에서 쫓아내고 급기야 독 사과까지 먹이게 됩니다. 자기보다 백설공주가 더 예쁘기 때문에 왕비는 그렇게 한 겁니다.

그런데 여기서 한 가지 주목해야 할 것은 왕비도 매우 아름답다는 것입니다. 왕비는 지금 자신이 못나서 화가 난 것이 아니라 백설공주보다 덜 예뻐서 화가 난 것입니다. 왕비의 비극은 여기서 시작합니다. 왕비가 거울에게 '누가 더 아름다운가?'라고 묻는 그 순간 비극이 시작된 것입니다. 비교하지 않았다면 왕비도 자신의 외모에 충분히 만족하고 살았을 겁니다.

요즘 부모들은 자신의 자녀를 다른 집의 자녀와 비교하는 것이 자녀에게 얼마나 나쁜 영향을 미치는지에 대해서 잘 알고 있습니다. 그런데 머리로는 알고 있는데 무심코 던지는 말들 속에 비교가 담겨 있습니다.

"너희 반에서 너보다 공부를 잘하는 애가 많아?"
"친구들 중 너보다 착한 애가 있니?"
"친구들 중 선생님에게 너보다 관심 더 많이 받는 애가 있어?"
"저 친구는 너보다 더 친한 친구가 누구니?"

부모가 무심코 던지는 비교의 말들은 시간이 지나면 자녀 스스로가 비교를 하게 됩니다. 자녀가 자신을 타인과 비교하면서 자연스럽게 우월감이나 열등감으로 나타나게 됩니다. 타인과 비교하여 나타나는 우월감이나 열등감은 결코 긍정적인 것이 아닙니다.

백설공주에서 왕비도 스스로의 비교를 통해 열등감을 가지게 되고 그 열등감이 둘 사이를 비극으로 몰아넣은 것입니다. 이렇게 자기 자신을 타인과 비교하는 순간, 비극이 시작됩니다.

사실 나는 누구와 비교해서 가치 있는 것이 아니라 나 스스로 가치 있는 존재입니다. 누구와 비교하여 우월하기 때문이 아니라 있는 그대로가 가치 있는 것입니다. 우리 자녀가 가치 있는, 존귀하고, 사랑스러운 이유입니다. 만약 지금 나의 행복과 가치가 비교해서 오는 것이라면 그것은 쉽게 무너질 것입니다.

어쩌면 부모가 자녀를 타인과 비교하지 말아야 하는 이유가 여기에 있습니다. 자신의 있는 모습 그대로를 인정하고, 있는 모습 그대로에서 자신의 가치를 발견하고, 자신감을 가지도록 해야 합니다. 이것을 '자아존중감'이라고 합니다. 자아존중감이 낮은 사람의 특징은 끊임없이 자신을 타인과 비교하고, 타인의 눈을 지나치게 의식합니다.

그런데 이러한 자아존중감은 안타깝게도 부모로부터 대물림되는 경우가 많습니다. 자아존중감이 낮은 부모는 습관적으로 자녀를 타인과 비교합니다. 그리고 시간이 지나면 이제는 자녀 스스로가 자신을 타인과 끊임없이 비교하게 됩니다. 당연히 자아존중감이 낮아지게 됩니다. 이런 과정을 통해 부모가 낮은 자아존중감이 자녀의 낮은 자아존중감으로 이어지게 됩니다.

자녀의 있는 모습 그대로를 인정할 때 비로소 자녀는 존중받고 있음을 스스로 깨닫게 됩니다.

댓 글

- 음... 울 딸이 자존감만 좀 더 있으면 참 좋겠다 했었는데 생각해보니까 저의 자존감이 바닥이었던 것 같아요. 딸아이를 위해서 나 자신을 위해서 나의 자존감부터 높여야겠다고 생각하는 아침입니다. 좋은 글 감사해요~~^^
- 그러게요. 형제간에 제일 많이 비교하게 되더라구요. 에구 안 해야지 하는데도 ~~~ 참 ㅠㅠ
- 나의 낮은 자존감이 우리 아이를 작아 보이게 했던 거군요. 그걸 깨닫지 못하고 아이가 왜 저리 자신감이 없을까 속상해했으니 엄마로서 많이 부끄럽고 미안하네요ㅜ
- 비교란 단어만 들어도 우리 시대 부모들의 교육이랄까. 하지만 이 시대에도 부모로서 그런다면 시대에 뒤떨어지지 않을까 합니다. 그 아이의 수준에 맞게 기다려 주면 사회생활 열심히 살더라구요.
- 비교하지 말아야지 하면서 무심코 던지는 말들 속에 비교하는 메시지가 담겨 있는 것이 저를 반성하게 하네요.

Tip ▶▶

자녀의 있는 모습 그대로를 인정할 때 비로소 자녀는 존중받고 있음을 스스로 깨닫게 됩니다.

12. 입장 바꿔 생각해 봐!

엄마: 너 성적이 이게 뭐니?

아들: 죄송해요. 문제가 너무 어려웠어요

엄마: 너만 어렵니? 다른 애들은 다들 성적이 올랐다는데 너만 왜 그래?

아들: 그게 아니라…. 모르는 문제가 너무 많았어요.

엄마: 네가 공부를 제대로 안 하니 그런 거잖아.

아들: 공부를 제대로 안 한 건 아닌데요… 나름 열심히 했는데….

엄마: 열심히는 뭔 열심히…. 매일 스마트폰만 끼고 살면서.

아들: 매일 그런 거 아닌데요. 공부하다가 조금 쉴 때 보는 건데요.

엄마: 엄마가 볼 때에는 스마트폰 하다가 잠시 공부하는 것처럼 보이는데.

아들: 그게 아니라…. 그냥 좀….

엄마: 그냥 좀 뭐… 공부가 그렇게 하기 싫어?

아들: 후유… 엄마도 저처럼 공부하기 싫을 때 있었잖아요. 제 입장이 되어 보세요.

엄마: 이해하지. 이해하니까 너 공부하는 거 다 도와주잖아

아들: 그렇네요…. 제가 잘못한 거네요.

엄마: 그리고 너도 엄마 입장이 되어봐. 네가 나라면 어떻게 할 것 같은데?

아들: …….

엄마: 너만 이해해 달라고 하지 말고 너도 엄마 입장에서 생각해 봐!

역지사지(易地思之)라는 말이 있습니다. 사전적 의미로는 '남과 처지를 바꾸어 생각함' 혹은 '남의 입장에서 생각하다'라는 뜻을 가지고 있습니다. 역지사지는 타인과의 관계를 증진시키는 데 매우 효과적인 방법입니다. 또한 역지사지는 타인의 아픔이나 타인이 처한 상황, 타인의 감정을 공감할 수 있도록 하는 매우 강력한 힘을 가지고 있기도 합니다.

상담을 전공할 때 지도교수님께서 항상 강조하셨던 것이 '공감 능력'

입니다. 상담자가 '공감 능력'만 있으면 내담자를 효과적으로 도울 수 있기 때문에 '공감 능력'을 키우기 위해 노력하라고 말씀하셨습니다. 실제 상담을 진행하면서 지도교수님께서 강조하셨던 '공감 능력'은 내담자를 효과적으로 도울 수 있는 강력한 힘이라는 것을 새삼 알게 되었습니다.

그런데 '역지사지'란 말은 누구에게나 쓸 수 있는 말이 아닙니다. 예를 들어 부모가 자녀에게 '네가 부모의 입장에서 생각해 봐라.'라고 말하면 이건 역지사지가 아닙니다. 이것은 자기 논에 물 댄다는 뜻의 즉, 무슨 일을 자기에게 이롭게 되도록 생각하거나 행동함을 이르는 '아전인수'입니다.

반대로 자녀가 '아버지가 내 입장을 헤아려 줘요.'라고 하는 건 역지사지가 맞습니다. 즉, 역지사지란 말은 지위가 높은 사람이 아랫사람을, 많이 가진 사람이 적게 가진 사람을, 나이가 많은 사람이 어린 사람의 처지에서 상대방을 배려하는 것이지 그 반대의 경우에 쓸 수 있는 말이 아닙니다.

그러니 부모가 자녀에게 '부모 입장에서 생각해 봐라.'는 부모가 자신의 의견이나, 행동을 자녀에게 강요하기 위한 것이지 절대 '역지사지'가 아닌 것입니다. 자녀는 절대 부모의 입장이 될 수 없다는 말이기도 합니다.

그러나 부모는 자녀의 입장이 될 수 있습니다. 자녀의 시기를 거쳐 왔고, 자녀보다 오래 살았고, 지위가 높고, 많이 가지고 있기 때문입니다. 그래서 '역지사지'를 해야 하는 사람은 자녀가 아니라 부모인 것입니다.

댓 글

- 제가 요즘 많이 쓰는 말인데…. 올바른 방법이 아니었네요… 이제 그런 식의 말은 안 쓰도록 노력해야겠어요. 오늘도 또 하나 배웁니다~~^^
- 역지사지 · 아전인수~! 다시 생각하게 하는 글이네요~~ 감사합니다^^
- 역지사지와 아전인수 기억하겠습니다.
- 아… 역지사지의 올바른 적용… 감사합니다.
- 정말 큰 깨달음을 주셨네요 감사합니다.

Tip ▶▶

'역지사지'란 말은 누구에게나 쓸 수 있는 말이 아닙니다. 부모가 자녀에게 '네가 부모의 입장에서 생각해 봐라.'라고 말하면 이건 역지사지가 아니고 '아전인수'입니다. 반대로 자녀가 '아버지가 내 입장을 헤아려 줘요.'라고 하는 건 역지사지가 맞습니다.

13. 누가 그랬어?

아침은 항상 분주합니다. 아내는 출근준비를, 아이들은 각각 중학교와 초등학교 등교 준비를 합니다. 각자가 분주한 아침을 맞이하다 보니 집이 들썩들썩합니다. 저는 분주한 아내와 아들들에 비해 출근의 여유가 있어 막내의 등교를 돕습니다.

오늘도 여전히 분주한 아침입니다. 아침을 먹고 각자가 씻고 준비를 합니다. 그러던 중 주방에서 무언가 떨어지는 소리가 들립니다. 아내의 눈빛이 매서워지기 시작합니다. 곧장 주방으로 달려간 아내가 일갈을 날립니다.

"누가 그랬어?"

놀라서 저도 주방으로 가봤습니다. 주방이 어지럽습니다. 아마 수납장에 수납된 물건들이 떨어진 모양입니다. 누군가가 건드리지 않으면 절대 떨어지지 않는 것들인지라 아내가 아들들을 의심합니다. 그러자 아들들이 각자 한마디씩 합니다.

"제가 안 그랬어요."

모두 자기들은 안 그랬다고 합니다. 아내의 얼굴이 점점 굳어갑니다. 누군가 자수를 하면 좋으련만 아들들은 절대 그럴 것 같지가 않습니다. 일단은 이 위기를 빨리 넘겨야 합니다. 그래야 다들 늦지 않고 출발을 할 수 있으니까요. 그래서 아내에게 조용하게 말했습니다.

"일단은 내가 치울 테니까 빨리 출근해. 늦겠다. 애들도 학교 가야 되고."

그렇게 일은 마무리가 되었고 다들 늦지 않게 집을 나섭니다. 전쟁 같던 시간이 끝나고 주방에 있는 것을 치우고, 저도 집을 나섭니다. 출근하는 차 안에서 오늘 아침의 일을 생각해 보았습니다.

"대체 누가 그랬을까?"

곰곰이 생각을 해보았습니다. 아니 추리를 했다고 하는 것이 맞을 겁니다. '누가 물건을 건드렸을까?', '누가 거짓말을 하고 있는 걸까?', '대체 범인(?)은 누굴까?' 머리가 조금 복잡해졌습니다. 그러다가 문득 머리를 때리는 것이 있었습니다.

'도대체 누가 그랬는지가 왜 그렇게 중요한 문제였을까?' 하는 것입니다. 이미 일은 벌어졌고, 누군가 치우면 되는 일을 습관처럼 '누가 그랬어?'라고 범인을 찾아내는 것부터 시작했으니 문제가 복잡해진 것 같았습니다.

물론 문제의 원인 제공자가 누구인지 알 필요가 없다는 것은 아닙니다. 그렇지만 습관처럼 '누가 그랬어?'라고 다그치기 시작하면 결국 자녀들은 자기가 한 짓임에도 불구하고 거짓말을 하게 됩니다. 그러니 어쩌면 '누가 그랬어?'라고 하는 순간 아이들에게 거짓말을 가르치고 있는 것인지 모릅니다.

제가 어릴 때에도 분명히 제가 잘못을 해서 일어난 일인데도, 부모님께서 '누가 그랬어?'라고 물으면 '내가 안 그랬어요.'라고 이야기를 했던 것 같습니다. 분명히 제가 한 일인데도 무섭고 두려워서 순간 거짓말을 하게 된 겁니다. '누가 그랬어?'라는 말을 듣고 자수해봤자 엄청나게 혼이 나고, 그 책임을 내가 다 져야 하기 때문에 거짓말을 할 수밖에 없도록 만들었습니다.

출근을 하다가 다시 차를 돌렸습니다. 그리고 아침에 치웠던 것들을 다시 어지럽게 늘어놓았습니다. 그리고 조금 일찍 퇴근해서 아이들을 기다렸습니다. 아들들이 다 귀가한 후 아들들에게 말을 했습니다.

"아침에 아빠도 바빠서 다 못 치웠다. 아빠랑 같이 다 치우자."

그랬더니 아들들이 주방으로 모여서 치우기 시작합니다. 굳이 '누가 그랬어?'라고 따져 묻을 필요가 없습니다. 아들들로 하여금 거짓말을 하게 할 필요도 없습니다. 그냥 다 같이 그 문제를 해결하면 됩니다. 부모가 모르는 사이 어떤 문제가 발생했을 때 '누가 그랬어?'라는 습관적인 질문은 잠시 넣어 두십시오. 아무런 도움이 되지 않습니다.

어질러진 주방을 치우는데 막내가 조용히 다가와서 귓속말로 '아빠

이거 진짜 내가 그런 거 아니야.'라며 동그란 눈을 뜨고 빤히 쳐다봅니다. 웃으며 머리를 쓰다듬어 줍니다.

댓 글

- 진짜 그러네요. 우리는 우리도 모르는 사이에 아이들에게 거짓말을 강요하고 있는 것 같습니다. 반성해야겠네요~^^
- 아들들하고 같이 치웠다는 부분이 뭉클하네요.
- 언제쯤 이런 지혜를 아이들에게 보여줄 수 있을까요?
- 어머! 맞아요. "누가 그랬어?" 습관적으로 나오는 말이었어요. 다시 생각하게 하는 말이었어요^^
- 애들 어릴 때 무슨 일이 생기면 늘 하던 말 '누가 그랬어?'…. 반성하게 되는 거 같네요 ^^
- 아!!라는 감탄사가 절로 나오는 글입니다. 정말 아무것도 아닌 일로 우리는 서로 피곤하게 살았다는 생각이 듭니다.

Tip ▶▶

'누가 그랬는지'보다는 어떻게 해결할 것인가가 더 중요한 문제입니다.

14. 문제행동? 누구의 기준?

엄마: 너 오늘도 학교 갔다 와서 가방 아무 곳에나 던져 놨더라?
자녀: 아…. 친구가 빨리 나오라고 해서….
엄마: 너는 친구가 갑자기 나오라고 하면 가방을 아무 곳에나 던지고 나가도 되니?

자녀: 그건 아닌데… 다음부터는 제대로 해 놓을게요.

엄마: 너는 항상 그렇게 말하면서 행동은 여전히 안 변하는 거 알지?

자녀: 알겠어요. 앞으로는 그렇게 안 할게요.

엄마: 안 그러겠다고 한 게 지금이 벌써 몇 번째인지 알아?

자녀: 후유…. 지금부터는 안 그럴게요.

엄마: 항상 안 그런다고 말은 잘하지.

자녀: 이젠 안 그런다고요.

엄마: 여하튼 말은 잘해. 말하는 것만큼만 행동을 해 봐라.

자녀: 안 그런다고 하잖아요. 잔소린 좀 그만 해요.

엄마: 네가 똑바로 해 봐라. 엄마가 잔소리를 하는지.

자녀: 안 그런다고 하잖아요. 엄마는 안 그런다고 하는데도 왜 그렇게 저를 못 믿고 잔소리를 하냐고요!

엄마: 네가 그렇게 하니까 그런 거지. 엄마가 괜히 그래?

자녀: 엄마가 잔소리 안 하면 나도 한다고요.

엄마: 이게 뭘 잘했다고 꼬박꼬박 말대꾸야? 맞아야 정신을 차릴 거야?

자녀를 양육하다 보면 부모는 자녀에게 본의 아니게 잔소리를 해야 할 때가 있습니다. 부모가 자녀의 행동에 대해서 잔소리를 한다는 것은 자녀의 행동이 부모 마음에 들지 않는다는 것을 의미합니다. 나아가 부모가 자녀의 행동이 잘못되었다고 판단이 들면 부모의 잔소리는 시작됩니다.

위의 상황도 엄마가 자녀의 행동이 마음에 들지 않기 때문에 잔소리가 나온 겁니다. 가방을 제자리에 두지 않고, 엄마의 말에 꼬박꼬박 말대꾸를 하는 행동이 엄마의 잔소리를 부른 것입니다. 엄마 입장에서 보면 당연히 학교에 갔다 오면 가방을 자기 방에 놓아야 하는데 아무 곳에나 던져 놓는 것은 잘못된 행동입니다. 따라서 엄마의 입장에서 보면 현재 문제를 만든 것은 자녀의 잘못된 행동입니다.

엄마의 기준에서 보면 잘못된 행동을 자녀가 했기 때문에 엄마는 당연히 잔소리를 할 수 있는 것이고, 자녀는 엄마의 잔소리를 듣고 있어야 합니다. 그리고 잘못했다고 해야 하고, 다음부터는 잘못된 행동이 고쳐져야 합니다. 그런데 대부분의 가정을 보면 엄마의 바람대로 자녀가 자신의 잘못을 인정하고 잘못된 행동을 고치는 형태로 나타나지 않습니다. 엄마의 잔소리에 대해 오히려 큰 소리로 화를 내며 거부합니다. 엄마의 입장에서 보면 당황스럽고 화가 납니다.

왜 이런 상황이 벌어질까요? 분명히 엄마 기분에서 보면 자녀가 잘못을 했고, 그 잘못에 대해 꾸중을 한 것인데 자녀는 이것을 왜 받아들이지 못하는 것일까요? 이 부분을 이해하려면 상황을 바라보는 기준을 잘 이해할 필요가 있습니다.

자녀의 기준에서 보면 엄마의 기준과는 전혀 다른 해석을 할 수도 있습니다. 자녀의 기준에서 보면 문제의 원인은 본인의 행동에 있는 것이 아니라 그 행동에 대해 과도하게 잔소리하는 엄마에게 있는 것입니다. 가방을 던지고 나갈 수도 있고, 갔다 와서 치워도 될 것을 왜 그렇게 잔소리를 하는지 이해를 못 할 수도 있습니다.

지금 이 글을 읽으시는 분들은 어떻게 생각하시나요?

누구의 입장에서 상황에 대한 평가가 내려지시나요? 자녀의 입장인가요? 아니면 부모님의 입장인가요? 대부분 팔이 안으로 굽는다고 부모는 부모의 입장에서, 자녀는 자녀의 입장에서 상황을 이해하고 해석하려고 할 것입니다.

한 가지만 더 생각해 보겠습니다.

위의 상황에 나오는 자녀의 행동이 어떻게 보이시나요? 가방을 막 던지고, 엄마에게 꼬박꼬박 말대꾸를 하고 있는 자녀의 행동을 어떻게 판단하시고 계신지요? 문제가 있는 행동으로 보이시나요? 아니면 충분히 그럴 수 있는 행동으로 보이시나요?

자녀의 행동이 문제가 있다고 생각하신다면 자녀의 행동은 문제행동이 됩니다. 그런데 충분히 그럴 수 있는 행동이라고 보시면 자녀의 행동은 전혀 문제가 되지 않는 그 시기에 자연스럽게 일어날 수 있는 행동입니다. 문제 행동으로 보면 부모는 꾸중할 것이지만 자연스러운 행동으로 본다면 최소한 잔소리는 나오지 않을 것입니다.

이렇게 보면 자녀의 행동을 문제 행동으로 볼 것인가? 아니면 저 시기에 자연스럽게 일어날 수 있는 행동으로 볼 것인가에 대한 기준은 자녀의 행동 여부에 달린 것이 아니라 대부분이 부모가 자녀의 행동을 바라보는 기준에 있다는 말이 됩니다.

자녀의 행동은 크게 발달단계에 따라 자연스럽게 나타나는 행동과 욕구조절이 제대로 되지 않았거나 가정의 구조적인 문제로 인해 나타나는 행동으로 나누어 볼 수 있습니다. 발단단계에 따라 자연스럽게 나타나는 행동은 부모의 기준이 매우 중요합니다. 왜냐하면 이러한 기준이 자녀의 행동이 문제 행동이 될 수도 있고, 자연스럽게 넘길 수 있는 행동이 될 수도 있기 때문입니다.

예를 들어 부모님에게 말대꾸하고 반항적인 사춘기 청소년 자녀는 발달단계에 따라 자연스럽게 나타날 수 있는 행동입니다. 청소년 시기는 반항적이고, 독립적이며, 부모세대에 대해 막연한 반발심을 가지고 있는 시기이기에 자연스럽게 부모에게 반항하고, 말대꾸를 하게 됩니다. 그런데 이런 행동에 대해 부모님이 문제시하게 되면 이런 자연스러운 행동이 문제 행동이 되어 자녀를 문제 자녀로 만들 수 있습니다.

이런 자연스러운 행동은 시간이 지나고 발달단계를 거치면 자연스럽게 사라지게 됩니다. 마트에만 가면 장난감 코너에 가서 장난감을 들고 떼를 쓰는 행동은 학교에 들어가고 학년이 올라가면 자연스럽게 사라지는 행동입니다. 즉, 그 나이에 나타나는 자연스러운 행동일 수 있다는 것입니다.

그렇기 때문에 부모님께서 보기에 문제가 있다고 생각하는 자녀의 행동이 발단단계에서 일어날 수 있는 자연스러운 행동인지, 아니면 부모의 마음에 들지 않는 행동인지, 부모님의 생각처럼 고쳐야 할 문제 행동인지 잘 헤아려 봐야 합니다. 단순히 부모님 마음에 들지 않고, 부모님의 기준에 벗어난다고 해서 '문제 행동'으로 규정해서 자녀에게 잔소리를 하는 것은 자녀에게 오히려 반항심만 불러일으킬 뿐입니다.

댓글

- 어려워요. 딱 지금 저의 모습입니다. 초등 6학년 아들과 관계. 아직 답을 못 찾겠어요.
- 자녀가 눈에 거슬리는 행동을 해도 꾹 참으면 부모 가슴이… 부모가 잔소리해도 꾹 참고 말 잘 듣는 자녀가 되면 자녀 가슴이 병들지 않을까요? 서로 어느 정도 토닥거리는 관계가 더 건강하고 정상적이지 않을까요? 서로 다투면서 하나씩 서로의 마음을 헤아리는 게 좋은 거 같아요.
- 자녀를 믿고 격려해주지 못한 부모의 행동이 아쉽네요. 아이가 자라면서 부모의 정신 연령도 동반되어야 할 듯 생각됩니다.
- 그럴 시기겠지… 시간이 지나면 나아지겠지 했지만 어릴 때 잡아주지 못한 습관은 14년이 되도록 개선의 여지가 안 보이고 둘째가 다시 큰아이의 모습을 그대로 닮아가네요. 그러려니 하는 여유로운 기다림은 내가 잘못 키우고 있다는 자책감의 크기를 덮지 못하는 것 같아요. 항상 널브러져 있는 책가방이 문제네요. 봉인되어 있는 화를 불러내는 도화선 같아요.

- 자녀의 문제 행동이라는 것이 부모가 붙여준 이름일 수 있다는 것을 새삼 느껴봅니다.
- 처음엔 엄마가 너무하다고 생각했어요. 별거 아닌데 그냥 이해하고 믿어주면 될 거라고 생각했습니다. 교수님 이야기 듣고는 우리 아이가 생각이 납니다. 결국엔 습관이 무서운 것 같네요.
- 애들이 자신의 생각을 이야기하면 어른들은 버릇없다거나 말대꾸를 한다고 하죠. 사춘기 아이들과 남편 사이, 작은아들과 선생님 사이가 항상 그런 식으로 대치가 되는데 힘든 건 아이들인 거 같더라구요. 아이들을 행동을 고칠 대상으로 볼 것이 아니라 어느 정도 이해를 해주고 같이 방안을 찾는 것이 좋을 듯 합니다. 지금 부모님들의 사춘기 시절도 지금 아이들과 비슷했으니까요 ^^*

Tip ▶▶

부모님께서 보기에 문제가 있다고 생각하는 자녀의 행동이 발단단계에서 일어날 수 있는 자연스러운 행동인지, 아니면 부모의 마음에 들지 않는 행동인지, 부모님의 생각처럼 고쳐야 할 문제 행동인지 잘 헤아려 봐야 합니다.

15. 사랑한다! 너의 사춘기

부모: 너 요즘 왜 이렇게 변했어? 동생한테 욕을 하질 않나, 틈만 나면 학원에 결석하지를 않나? 너 요즘 왜 그래?

자녀: 모르겠어요. 그냥 다 귀찮아요.

부모: 귀찮다고? 지금이 얼마나 중요한 시기인데 그러면 어떡해.

자녀: 몰라요. 그냥 좀 놔둬요.

부모: 어떻게 놔둬. 네가 지금 하고 꼴이 이 모양인데. 어떻게 그냥 놔두냐고.

자녀: 아. 진짜! 그냥 좀 놔둬요. 내가 알아서 할 테니까.

부모: 알아서 하는 게 이 모양이야? 응? 퍽이나 알아서 하겠다.

자녀: 그냥 제가 알아서 할 테니까 제발 나 좀 그냥 내버려 두라고요. 내 인생 내가 알아서 살 테니까.

부모: 저놈의 자식 말하는 것 좀 봐라. 너 이리와.

자녀: 진짜 짜증 나게 나한테 왜 이러냐고!

자녀들이 성장하면서 반드시 겪고 지나가는 것이 하나 있습니다. 자녀는 당연히 겪어야 할 것이지만 부모에게는 두려움의 대상이기도 한 것, 바로 '사춘기'입니다. 사전적인 의미로 사춘기는 '인간 발달단계의 한 시기로, 신체적으로는 이차 성징이 나타나며 정신적으로는 자아의식이 높아지면서 심신 양면으로 성숙기에 접어드는 시기로, 이 시기는 개인차가 있으나 대개 12세에서 16세가량의 시기를 말하는 것으로 청년기의 앞 시기에 해당한다.'라고 정의하고 있습니다.

사춘기에 접어든 청소년을 자녀로 둔 부모는 그 시기의 자녀 행동이 대부분 이해하기가 힘듭니다. 꼬박꼬박 말대꾸를 하고, 상상하지도 못한 행동을 하고, 심지어 부모에게 대들기까지 합니다. 학교도 가기 싫어하고, 친구들과 어울려 다니면서 하지 말아야 할 행동들을 합니다. 학원 결석은 일상이 되어 갑니다. 술과 담배, 이성친구 등으로 부모와 심한 갈등을 겪기도 합니다.

이러다 보니 사춘기 자녀를 둔 부모님들은 하루하루 살얼음판을 걷는 것처럼 매일매일이 불안합니다. 언제 터질지 모를 시한폭탄을 안고 사는 것 같습니다. 아무리 이해하려고 해도 이해가 되지를 않습니다. 잔소리만 늘어가고, 자녀와의 갈등은 파국으로 치닫습니다. 대화는 단절되고, 서로가 서로에게 상처 주는 행동과 말들을 이어갑니다.

이렇게 '사춘기'는 부모에게나 자녀에게나 힘든 시기입니다.

왜 사춘기는 보는 부모나 겪는 자녀나 힘이 든 것일까요?

사실 사춘기는 자녀가 반항을 시작하는 시기가 아닙니다. 사춘기가 사랑스럽고 착하기만 하던 자녀를 포악한 괴물(?)로 만드는 것도 아닙니다. 사춘기가 정상적이었던 자녀를 이상하게 만드는 것도 아닙니다. 사춘기가 부모에게 대드는 불량 자녀로 만드는 것도 아닙니다. 사춘기가 형제 사이를 갈라놓고 서로 싸우게 만드는 것도 아닙니다.

오히려 사춘기는 아이였던 자녀가 어른이 되어 간다는 것이고, 부모의 도움 없이는 아무것도 할 수 없었던 아이가 혼자서도 잘할 수 있을 만큼 성장했다는 신호입니다. 포악해지는 것이 아니라 부모의 생각보다 아이의 생각과 행동이 덩치가 커져 버린 것입니다. 형제 사이가 갑자기 나빠지는 것이 아니라 동생에게 무언가를 가르치고, 훈계하고 잔소릴 할 만큼 성숙해지고 책임감이 생긴 것입니다.

다만 부모의 눈이 부모 말에 일방적으로 순종하고, 늘 귀엽고 예쁘기만 했던 어린 시절에 머물러 있기 때문에 자녀의 성장을 따라가지 못하고 있는 것입니다. 자녀는 이미 부모와 대등하게 의견을 교환할 수 있는 나이가 되었고, 자기의 의견을 당당히 주장하고, 혼자서도 많은 것을 해낼 수 있는 나이가 되었음에도 부모의 눈은 여전히 어린 자녀에게 맞춰져 있는 것입니다.

영원히 자녀는 부모 없이는 무언가를 할 수 없기에 간섭해야 하고, 부모의 말에 순종해야 하고, 부모가 원하는 행동을 해야 하는 그런 자녀라고 생각하고 있는 것이지요. 그렇게 어릴 때 부모가 어느 정도 통제 가능했던 어린 시설의 자녀와 지금의 자녀를 비교하니 변한 것이고, 이상해진 것이고, 포악해진 것이고, 감당이 안 되는 것입니다. 자녀는 항상 그 자리에서 성장하고 있는데 정작 부모의 눈이 성장하는 자녀를 따라가지 못하니 혼란스러운 것입니다.

사춘기는 자녀가 갑자기 헐크처럼 변하는 시기가 아닙니다. 어쩌면 우리 자녀가 진정한 어른이 되고 있다는 신호입니다.

말대꾸하는 것이 아니라 자신의 의견을 말할 나이가 되었다는 것입니다.

부모가 싫어진 것이 아니라 친구라는 존재를 알아가고 있다는 것입니다.

반항하는 것이 아니라 그만큼의 독립심이 생겼다는 것입니다.

변한 것이 아니라 어른이 되어 가고 있다는 것입니다.

부모의 간섭이 싫어진 것이 아니라 혼자 할 수 있게 되었다는 것입니다.

이상해진 것이 아니라 성장하는 것입니다.

미운 짓만 골라서 하는 것이 아니라 부모가 생각하는 것 이상의 것을 자녀가 해내고 있는 것입니다.

포악해진 것이 아니라 훌쩍 컸다는 것입니다.

그래서 사랑할 수 있는지도 모르겠습니다.

우리 자녀가 겪고 있는 '사춘기'를 말입니다.

자녀를 가만히 안고 속삭여 주세요.

'사랑한다 너의 사춘기'

댓 글

- 우리 큰딸이 작년부터 사춘기가 와서 절 힘들게 하네요. 어른이 되어 가는 과정~~ 사랑하는 우리 딸 내년이면 중학생인데 빨리 지나가길~~
- 저희 딸은 너무 빨리 와 당황스럽습니다. 워낙 알아서 잘했던 아이라 제가 상담도 많이 받고 했는데 지켜봐주라 하네요~~ 그 시간이 너무 길고 힘드네요.
- 남 일 같지 않아 두려운 마음입니다. 저도 중2 딸이 있는데요. 점점 강도가 높아

져 가고 있어요. 그래도 여기에서 좋은 글들, 댓글로 올려주시는 글들을 같이 읽으면서 "그렇지, 맞아, 아~그렇겠구나" 하면서 깨닫게 되는 게 참 많아요 '때로는 교수님 올려주신 글들 읽으면서 배를 잡기도 하고 맘에 찔림이 있어 뜬금없이 딸한테 "사랑해 엄마 딸~~ " 하며 뽀뽀해주기도 한답니다.

- 왠지 맘이 찡해지네요. 알아주지 못해서 이제는 조금 이해해 줄 수 있을 것 같아요.
- 오~~ 사춘기를 앞둔 아이들의 엄마로서 진짜 많은 도움이 됐습니다.
- 처음도 아닌데…. 둘째 녀석 사춘기에 적응이 힘드네요. 기다려줘야 되는 것도 알고 애는 쓰지만 어렵습니다. T.T

Tip ▶▶ 사춘기는 자녀가 헐크처럼 변하는 시기가 아닙니다. 어쩌면 우리 자녀가 진정한 어른이 되고 있다는 신호랍니다.

16. 모르는 것이 당연합니다

할머니 추도예배(제사)가 있어 부모님께서 계신 시골집으로 아이들을 데리고 내려갔습니다. 대문에 들어서니 각종 음식 냄새가 코를 찌릅니다. 현관문을 열고 들어가니 어머님께서 저녁상을 차리고 계십니다. 인사를 드리고 간단히 씻고 저녁상 차리는 것을 도웁니다. 어머니께서 저녁상을 차리시면서 저에게 '오늘은 네가 좋아하는 반찬들로 저녁상 차렸으니 많이 먹어라.'라고 하십니다. 어머님 말씀을 듣고 차려지는 저녁상을 보니 제가 좋아하는 음식들이 꽤 눈에 들어옵니다.

저녁상이 다 차려지고 둘러앉아 음식을 먹기 시작합니다. 어머님께서는 늘 그랬듯이 제가 먹는 것을 물끄러미 바라보시면서 입가에 산산한 미소를 띠십니다. 아직도 어머니께서는 다 큰 자식의 입으로 들어가는 음식에 배가 부르신가 봅니다. 눈으로 '엄마도 같이 드세요.'라고 신호를 보냅니다.

오늘 올라온 음식이 제가 좋아하는 음식으로 차렸다고 생각하셨는지 어머니께서는 오늘따라 유독 제가 먹는 것을 유심히 보십니다. 아직도 당신이 만든 음식을 맛있게 먹어주는 아들이 기특하고 사랑스러우신가 봅니다. 당연합니다. 부모님은 아마 돌아가실 때까지 그러실 겁니다. 안 그랬으면 좋겠지만 그것이 어머님의 행복이고, 기쁨이시니 어쩔 도리가 없습니다.

그런데 어머님께는 죄송한 말씀이지만 그날 차려진 음식들은 제가 그렇게 좋아하는 음식들이 아니었습니다. 정확하게 이야기하면 예전에는 좋아하던 음식이었지만 지금은 좋아하지 않는 것입니다. 어머님께서는 저의 입맛을 잘 알고 계시다 하고 음식을 차렸지만 저의 변한 입맛에 대해서는 알지 못하신 것입니다. 어쩌면 어머님께서는 저를 너무 잘 알고 있다고 생각하시지만 실상은 저를 너무 모르고 있으신 겁니다.

그런데 이건 당연한 겁니다. 부모님으로부터 독립한 지가 벌써 16년이 넘어가고 아내가 해주는 음식에 입맛이 길들여졌으니 당연히 좋아하는 음식도 달라집니다. 그러니 어머님께서 저의 변한 입맛을 모르는 게 당연합니다. 그리고 알 필요도 없습니다. 제가 어머님의 음식을 먹는 횟수가 기껏해야 일 년에 네다섯 번입니다. 그러니 어머님께서 저를 모르시는 것이 흠이 되거나 이상한 것이 아닙니다. 오히려 당연하고도 당연한 것입니다.

추도예배를 마치고 집으로 오는 길에 많은 생각이 들었습니다. '어머님께서는 나를 아직도 어릴 때 당신이 알던 모습으로 기억하고 있구나!' 하는 생각이 들었습니다. 어머님께서는 그런 기억을 가지고 지금의 나를 다 알고 계시다고 생각하시는 것입니다. 그러나 사실은 저의 예전의 모습만 기억하시지 지금의 내 모습에 대해서는 당연하지만 너무 모르고 계십니다.

문득 뒤에서 잠든 아들들이 눈에 들어옵니다. 어머님께서 나를 모르시면서 다 알고 계시다고 생각하시는 것처럼 어쩌면 저도 제 아들들을 모르면서 다 알고 있다고 착각하고 있는 것은 아닐까 하는 생각이 들었습니다. 잘 알지도 못하면서 다 알고 있다고 단정하고, 아들들의 의견을 무시하지는 않았나 하는 반성을 했습니다.

부모라고 자식을 다 아는 것이 아닙니다. 왜냐하면 자녀는 나이가 들어감에 따라 변하기 때문입니다. 입맛이 변하고, 좋아하는 것이 변하고, 부모를 대하는 태도가 달라지고, 외모가 달라지고, 생각이 달라지고, 고민거리들이 달라지기 때문에 어제의 자녀와 오늘의 자녀는 다릅니다.

그러니 어제의 눈으로 자녀를 다 안다고 생각하고 오늘의 자녀를 바라보면 늘 실패하게 됩니다. 그래서 대화가 필요하고, 수용이 필요하고, 함께하는 시간이 필요합니다. 어제의 자녀와 오늘의 자녀가 다름을, 부모라도 자녀를 다 알 수 없음을 인정해야 합니다.

어머니와 함께할 수 있는 시간을 가져야 될 것 같습니다. 그리고 지금의 저의 모습을 보여드릴 수 있는 기회를 많이 만들어야겠습니다. 아울러 아들들의 변해가는 모습들에 좀 더 관심을 가져야 될 것 같습니다.

댓글

- 매일매일 보는 아이들인데도 모르고 몰라주는 거 투성이었네요. 항상 이런 날을 되돌아보게 되는 글 감사합니다.
- 아~ 저도 아이들이 커가면서 조금씩 변한다는 것을 알면서도 '그래도 내가 너에

대해서 누구보다 잘 알아'라는 생각을 갖고 살고 있는 거 아닌가? 하고 생각해 봅니다. 그래서 마찰이 있고…. 이제라도 조금 변하고 있는 아이들의 마음을 헤아려 줄 수 있는 엄마로 거듭날 수 있게 노력해야겠네요~

- 반성과 깨우침을 주는 글 감사합니다!!
- 소중한 글 감사드려요^^ 아이를 내 관점에서 바라보는 틀을 내려놓기만 해도 부모와 자녀관계에 많은 도움이 될 것 같아요.
- 요즘 중2 딸과 부딪치는 일이 많아지고 있었는데 오늘 이 글을 읽으면서 아이의 변화보다는 내 생각만을 강요한 거 같아 참 반성이 됩니다. 오늘부터 조금씩 아이에 변화를 인정하고 받아들이는 연습을 해야겠습니다.
- 많은 시간이 지나서야 딸의 조그만 생각을 들을 여유가 생겼네요~ 역시 시간은 중요한 거 같아요. 겪어 보지 않은 한…. 아이가 말하고 싶은 엄마가 되려고 노력 중입니다~~

Tip ▶▶

부모가 상대해야 할 자녀는 어제의 자녀가 아닌 지금 이 순간의 자녀입니다. 어제의 자녀는 잠시 잊으시고 지금 이 순간의 자녀를 바라보는 것이 좋겠지요.

17. 자녀의 선택을 존중합니다

아들: 아빠! 나 내일 소풍 가요.

아빠: 그래? 좋겠네.

아들: 네. 좋아요.

아빠: 뭐가 제일 좋은데?

아들: 음… 맛있는 것도 많이 먹고, 친구들하고 재미있게 놀고 다 좋아요.

아빠: 그렇구나. 좋겠다.

막내가 소풍을 간다고 한창 들떠 있습니다. 아내가 소풍 가는 막내를 위해 이것저것 준비를 합니다.

엄마: 이건 김밥, 이건 과일, 이건 음료수, 이건 간식이야.
아들: 우와! 엄마~~~~ 감사합니다.
엄마: 그렇게 좋아?
아들: 네. 엄청 좋아요. 신나요
엄마: 내일 혼자 다 먹지 말고 친구들하고 사이좋게 나눠 먹어.
아들: 음… 일단 김밥하고 과일은 나눠 먹을게요.
엄마: 김밥하고 과일만?
아들: 네. 김밥하고 과일만 나눠먹을 건데요.
엄마: 간식은?
아들: 간식은 안 나눠먹고 나 혼자 다 먹을 건데요.
엄마: 그러면 안 되지. 친구들하고 사이좋게 나눠 먹어야지.
아들: 안 나눠먹어도 사이좋은데요. 그리고 나는 내 간식을 나눠 먹기 싫은데요.
엄마: 그래도 친구들하고는 나눠먹어야지.
아들: 친구들이라고 다 나눠먹어야 되는 건 아니잖아요.
엄마: 아니지. 친구들하고는 나눠먹어야지. 그래야 좋은 친구지.
아들: 음…. 생각해 볼게요. 그런데 안 나눠먹어도 저는 좋은 친구 될 수 있어요.

퇴근하고 아들에게 물었습니다.

아빠: 오늘 재미있게 잘 놀고 왔어?

아들: 네. 너무너무 재미있었어요.

아빠: 다행이구나. 엄마가 만들어준 건 다 먹었어?

아들: 네. 다 먹었어요.

아빠: 친구들하고 같이 먹은 거야?

아들: 음…. 김밥하고 과일은 같이 먹고 간식은 혼자 다 먹었어요.

아빠: 그렇구나. 친구들이 달라고 하지 않았어?

아들: 그러는 친구가 두 명 있었는데 내가 너무 좋아해서 나 혼자 다 먹어야 하기 때문에 줄 수 없다고 했어요.

아빠: 친구들이 뭐라고 안 했어?

아들: 네. 그냥 가던데요.

아빠: 그렇구나. 그런데 친구들하고 나눠먹으면 좋지 않아.

아들: 친구들하고 먹는 것도 좋고, 혼자 먹는 것도 좋고 다 좋은데요.

아빠: 그래? 그러면 너는 맛있는 거 있으면 혼자 먹을 거야?

아들: 음…. 모르겠어요. 나눠 먹을 수도 있고, 혼자 먹을 수도 있고.

아빠: 그래. 그래도 같이 나눠 먹으면 좋을 텐데.

아들: 혼자 먹고 싶은데 꼭 나눠먹어야 해요?

막내의 마지막 질문에 속 시원한 답을 하지 못했습니다. 막내는 아직 본인 좋아하는 것을 친구들과 나눠먹어야 하는 것에 대해서 이해를 하지 못하고 있습니다. 막내의 마지막 질문을 곰곰이 생각해 보면서 막내의 생각처럼 '왜 꼭 나눠 먹어야 하나?'라는 생각이 저에게도 들었습니다.

그런 것 같습니다. 싫은데 굳이 같이 나눠 먹어야 할 이유는 없을 것 같습니다. 혼자 먹어도 좋다는데, 불편하지 않다고 하는데 부모가 강요할 필요가 없습니다. 반드시 친구랑 나눠먹어야 하는 것은 아니니까요. 단순히 부모의 도덕적 기준과 부모가 배운 것을 습관적으로 생각하다 보니 자녀에게도 강요하고 있는 것은 아닐까요? 나눠먹던 혼자 먹던 그것은 강요할 문제가 아니라 스스로 선택할 일입니다.

막내에게 다시 말을 걸어 봅니다.

아빠: 너는 혼자 먹는 것도 좋고 친구들하고 나눠먹는 것도 좋구나!

아들: 네.

아빠: 그래. 그러면 네가 선택하면 된다. 같이 먹든 혼자 먹든….

아들: 네. ^^

많은 경우 부모들은 자녀가 스스로 선택하면 될 일을 너무 간섭하려고 하는 버릇이 있습니다. 한 번쯤은 자녀가 스스로 선택할 수 있도록 놔두면 어떨까요? 물론 위급하거나 위험한 것은 놔두면 안 되겠지만 말입니다.

댓 글

- 그렇죠. 사랑을 가장한 올무가 아닐까요?. 저도 참 많은 올무를 아이에게 던져 놓았네요.
- 이제 하나씩 걷어야겠죠? 좋은 글 감사해요~~^^
- 저도 넘 강요한 부분 그래서 지금은 고민하곤 한답니다. 너무 부모기준으로 도덕성을 강요한 것 아닌가 넘 배려하라고만 한 것 아닌가 등~^^ 중학생이 되고 보니 때론 아이들의 의견이 곧 도덕성의 기준이 될 때도 있던데 가끔은 미안할 때도 있답니다. 글을 읽으면서 반성해 봅니다.
- 교수님 글을 읽다 보면 아이들의 자존감이 높은 거 같아요.
- 그래요 교수님!! 나눠 먹으면 좋겠지만 혼자 먹어도 별로 개의치 않다면 그것도

괜찮은 거죠!!

- 그런 것 같습니다. 자녀의 선택의 문제를 부모의 도덕적인 기준으로 봐서는 안 될 것 같습니다.

Tip ▶▶

부모들은 자녀가 스스로 선택하면 될 일을 너무 간섭하려고 하는 버릇이 있습니다. 한 번쯤은 자녀가 스스로 선택할 수 있도록 놔두면 어떨까요? 자녀가 생각지도 못한 훌륭한 선택을 할 수 있을 겁니다.

18. 급하게? 신중하게!

둘째가 학교에서 친구와 다투고 왔습니다. 씩씩거리며 저녁도 먹지 않고 자기 방으로 들어가 나오지를 않습니다. 시간이 조금 흐른 후 아들 방으로 들어가 이야기를 나누었습니다.

아빠: 친구와 싸웠다면서. 많이 속상하겠구나.

아들: 조금요….

아빠: 친한 친구였는데 싸웠다는 말 듣고 놀랐다.

아들: 심하게 다툰 건 아니고요. 그냥 나한테 실수를 해서….

아빠: 친구가 실수했구나!

아들: 네. 몇 번이나 경고를 했는데….

아빠: 저런 네가 몇 번이나 경고를 줬는데도 똑같은 실수를 했구나.

아들: 똑같은 실수는….

아빠: 몇 번이나 경고를 줬는데 똑같은 실수를 하면 나라도 화가 나겠다.

아들: 뭐…. 그것 때문에….

아빠: 그래 충분히 화를 낼 만하다. 아빠가 너라도 그렇게 했겠다.

아들: 흠…. 친구가 일부러….

아빠: 일부러 그런 건 아니라고 하지만 몇 번이나 같은 실수를 하면 그건 일부러 그런다고 오해를 할 수도 있지.

아들: 아빠! 아빠는 왜 제 말을 끝까지 안 듣고 이야기를 하세요?

아빠: 내가? 아빠가 그랬어?

아들: 네. 아빠는 지금도 제 말을 끝까지 안 듣고 말을 하는 것 같아요.

아빠: 그랬어?

아들: 끝까지 안 듣고 그냥 아빠가 결론을 내리시는 것 같아요. 당황스러워요.

아빠: 그랬구나. 아빠가 네 말을 끝까지 안 들어줘서 당황스러웠구나.

아들: 네! 아빠에게 이야기하는 게 싫어질 때도 있어요.

아빠: 그랬구나… 아빠가 조금 더 조심할게. 이야기해줘서 고마워.

어릴 때 아버지에게 가졌던 불만 중 하나가 아버지의 급한 성격이었습니다. 급한 성격 탓에 아버지는 항상 저의 말을 끝까지 들으시지 않고 중간에 말을 끊어버리고는 당신께서 임의로 판단하시고 결론을 내리시고 평가까지 해버리시는 탓에 대화가 제대로 이어지지 않았습니다.

그러다 보니 아버지와의 대화는 점점 줄어들었고, 관계 또한 서먹해지기 시작했고 급기야는 아버지께서 무언가를 물으시면 신경질적으로 반응했었습니다. 그래서 저는 내가 나중에 커서 아버지가 되면 절대로 아버지의 저런 모습은 닮지 않겠노라고 다짐을 했습니다. 그리고 상담을 공부하면서 이런 다짐은 더욱더 강해졌고, 나름 노력을 많이 했습니다. 그런데 그렇게 닮고 싶지 않았던 아버지의 모습을 그대로 닮아 버린 것 같습니다.

저는 나름대로 아이들의 말을 끝까지 들어주려고 노력을 한 것 같은데 아이들은 다르게 느낀 것 같습니다. 생각해 보니 그런 것 같습니다. 아이들의 말을 끝까지 듣고 있다고 생각했는데 사실은 아이들의 말을 제대로 이해를 못 하고 있었던 것 같습니다. 이해를 못 했다는 것은 결국 아이들의 말을 끝까지 듣고 있지 않았다는 것을 의미합니다.

누군가의 이야기를 듣고 이해한다는 것은 직관적으로 하는 것이 아니라, 그 사람의 말을 끝까지 듣고 이해하려는 노력이 필요합니다. 상대방의 이야기를 신중하게 들어 보고 쳐다보고 헤아려 봐야 그 사람의 진심을 알 수 있고, 비로소 그 사람이 하는 이야기를 이해할 수 있는 것입니다. 상대방의 이야기를 끝까지 듣지 않고 급하게 서두르다 보면 타인의 말에 귀를 기울이지 않게 되고 상대방의 마음을 마음대로 판단하고 평가해 버립니다.

어쩌면 '급하게'의 반대말은 '천천히'가 아니라 '신중하게'일지도 모르겠습니다.

19. 자녀를 존중한다는 것

가족회의를 거쳐 방 하나를 온전히 옷 방으로 만들어 각자가 그 방에서 옷을 갈아입기로 합의를 봤습니다. 이방 저방에 옷이 어지럽게 널려 있지 않아도 되니 좋았습니다. 그런데 문제는 옷 방이 점점 막내의 장난감 방이 되어 간다는 것입니다. 그냥 장난감 방이 아니라 발을 디딜 틈이 없이 어질러진 장난감 방입니다. 흡사 장난감 쓰레기장입니다. 오늘도 퇴근하고 옷 방으로 갔는데 역시나 막내가 잔뜩 어질러진 방에서 장난감으로 무언가를 하고 있습니다.

아빠: 흠…. 아빠가 옷을 좀 갈아입어야 할 것 같은데. 아빠가 들어갈 곳이 없네.

아들(셋째): 아빠~ 방이 엉망진창이지요?

아빠: 그렇네. 장난감이 밖으로 많이 나와 있네.

아들: 그렇죠? 장난감들이 답답한가 봐요. 자꾸 밖으로 나와요.

아빠: 그래? 그럼 다시 자기들이 있을 곳으로 보내주면 좋겠는데. 그래야 아빠가 옷을 갈아입을 수 있을 것 같은데.

아들: 아빠! 지금 그게 중요한 게 아니에요.

아빠: 그래? 그럼 뭐가 중요한데?

아들: 내가 찾는 장난감이 없다는 게 중요해요. 그 장난감을 빨리 찾아야 해요.

아빠: 아빠는 네가 먼저 치워 놓고 찾으면 좋겠는데. 아빠가 도와줄 수도 있을 것 같고.

아들: 아니 아니! 지금 그게 중요한 게 아니라니까요?

아빠: 그럼 네가 생각하기에는 뭐가 중요한 거야?

아들: 그니까 내가 찾는 장난감이 없다는 게 중요하다니까요. 그리고 그걸 빨리 찾아야 하고요. 아빠는 제 말을 이해 못 해요?

아빠: 그러니까 아빠랑 이걸 치우고 네가 중요하다고 생각하는 그 장난감을 찾으면 되잖아.

아들: 아니요 지금 중요한 건 그게 아니라니까요? 에이 그러면 아빠

는 찾지 마시고 좀 나가세요.

아빠: 아빠가 장난감을 안 찾아 주겠다는 게 아니잖아. 아빠는 같이 찾아 줄 거야. 근데 먼저 치우고 찾자는 거지.

아들: 아니요. 지금 중요한 게 그게 아니라니까요. 아빠는 왜 내 말을 안 듣고 아빠 생각만 해요?

아빠: 내가? 아빠가 보기에는 자기 생각만 하는 건 너 같은데….

아들: 아빠! 아빠는 그냥 나가세요. 혼자 찾을게요.

그렇게 방에서 쫓겨나다시피 나왔습니다. 거실에서 상항을 잠시 정리해 보았습니다. 나름대로 최선을 다해 아이의 말을 들었고, 도와준다고 했고, 배려했다고 생각했는데 결과는 아들에게서 쫓겨나고 말았습니다. '어디서부터 아들과의 대화가 딴 길로 갔을까?' 하는 생각을 하며 아들의 행동을 멀리서 지켜봤습니다. 그리고 다시 무언가를 열심히 찾고 있는 아들에게로 갔습니다.

아빠: 장난감 찾았니?

아들: 아니요. 어디 있는지 못 찾겠어요?

아빠: 그래? 중요한 장난감인가보구나!

아들: 네. 아주 중요한 장난감이에요.

아빠: 아빠가 찾는 거 도와줄까? 지금 도와줄 수 있는데.

아들: 정말요? 도와주세요!

아빠: 그래 같이 찾아보자.

아들: 네.

그렇게 10여 분을 찾은 끝에 드디어 아들이 찾던 장난감을 찾았습니다. 아들은 얼굴에 미소를 가득 띠며 말했습니다.

아들: 아빠~~ 이게 내가 찾던 장난감이에요.

아빠: 그래? 드디어 찾았구나. 다행이다.

아들: 네. 도와주셔서 감사합니다.

아빠: 그래. 찾아서 아빠도 기쁘네.

아들: 네. 이제 이거 제가 다 정리할게요. 아빠는 나가서 쉬고 계세요~~.

아빠: 그럴래? 그렇게 말해줘서 고맙다 아들~~~

자녀를 신뢰한다는 것은 자녀를 존중한다는 것입니다. 자녀를 존중한다는 것은 자녀의 놀이에, 자녀의 활동에 참여한다는 것을 의미하고, 자녀의 말에 진심으로 귀를 기울이고 들어주고 의견을 교환한다는 것을 의미합니다. 부모가 보기에 한숨 나올 놀이 같아 보여도, 부모가 듣기에 한심한 이야기 같아도 진심으로 그 놀이를 인정하고, 이야기에 귀를 기울여 주면 자녀는 자신이 존중받고 있음을 느낍니다. 그런 자녀는 부모의 말에 귀를 기울이고 부모가 하는 말을 존중합니다.

그러니 장난감을 찾는 아들의 행동을 존중하지 않으면 '장난감을 치우라.'는 부모의 말 또한 존중받지 못한다는 것입니다. 존중은 나이의 문제도, 위계의 문제도, 상대 수준 문제도 아닌 자신과 타인에 대한 신뢰의 문제이고, 용기의 문제입니다.

댓 글

- 아! 이번 글… 정말 저에겐 뜨끔거리며 가슴 깊이 새겨야 할 글입니다.
- 공감이 갑니다. 늦둥이 4살 아이가 자주 그러는데 전 치우길 강요했네요.
- 결국 듣는 것, 기다려주는 것, 잘해주는 부모가 최고의 부모네요. 제일 어렵습니다~^^;;
- 교수님 글에서 아이와 소통하는 법을 아니 사람과 소통하는 법을 조금이나마 깨

닫습니다. 누군가 먼저 이렇게 해 주길 바라는 마음에 항상 내가 먼저인 게 억울했는데…. 그것이 내가 먼저 행복에 도달하는 길인 거 같습니다. 감사합니다.

- 아이의 이야기를 잘 들어주는 것 같아도 다 부모에게 맞춘 강요가 되는 것 같아요. 왜 말을 듣지 않을까 했는데…. 부모가 먼저 존중해 주질 못 해서군요. 눈시울이 뜨거워집니다.

Tip ▶▶ 자녀를 존중한다는 것은 거창한 무언가를 새롭게 하는 것이 아닙니다. 그저 자녀와 함께 한다는 것을 의미합니다. 자녀가 하는 놀이에 동참하고, 자녀의 말에 진심으로 귀를 기울여주고, 자녀의 의견을 인정한다는 것입니다.

20. 자녀는 비교의 대상이 아닙니다

엄마: 야! 너는 또 가방 아무 데나 던져 놨지?

아들: 아닌데요. 소파 위에 뒀는데.

엄마: 가방을 소파 위에 왜 두는데? 소파가 가방 올리라고 있는 건가?

아들: 잠시 놔뒀다가 옮기려고 했는데요.

엄마: 잠시 같은 소리 하네. 아까부터 있더니만….

아들: 치우려고 했다니까요….

엄마: 형은 안 그러는데 너는 왜 이렇게 조심성이 없어? 형 봐라 가방을 항상 자기 방 책상 위에 놔두잖아! 안 보이니?

아들: 형도 소파 위에 둘 때 있잖아요.

엄마: 형이 언제 그랬어? 엄마가 볼 때에는 항상 자기 방에 두는데.

아들: 휴우….

엄마: 휴우? 어떻게 형은 되는데 너는 왜 안돼? 이해를 못 하겠다.

아들: 형이랑 나랑은 다르잖아요. 형이 못하는 거 내가 더 잘하는 것도 있잖아요.

엄마: 그래서? 뭐 자랑이라도 하려고?

아들: 비교 안 하면 좋겠다는 거지.

엄마: 비교를 안 하게 네가 잘했어봐라.

아들: 알았어요. 알겠다고요.

엄마: 말은 잘해. 말은….

어릴 때 동생은 종종 저와 비교를 많이 당하고 자랐습니다. 그렇게 잘못한 것도 아닌데 저와 비교가 되면 잘못이 커집니다. 분명 넘어갈 수 있는 행동인데도 저와 비교를 하면 그냥 넘길 수 없는 행동이 될 때도 있었습니다. 그러면 동생은 늘 억울한 표정으로 저를 원망하곤 했습니다. 이렇듯 자녀들의 행동이 사실은 아무것도 아닌데 비교 대상을 누구로 하느냐에 따라 아무것도 아닌 평범한 행동이 문제 행동이 되는 경우가 종종 있습니다.

저희 집도 마찬가지입니다. 아들만 셋인 저희 집은 첫째와 둘째의 성향이 많이 다릅니다. 첫째는 성격이 내성적이고 조용하고 여성스러운데 둘째는 와일드하고 시끄럽고 분주합니다. 그러다 보니 둘째의 행동이 종종 첫째와 비교를 당하는 경우가 있습니다. 사실은 그 나이에 충분히 그럴 수 있는 행동임에도 첫째와 비교되는 동시에 시끄럽고, 주의 산만하고, 버릇없는 아이가 되어버립니다.

같은 부모 밑에서 태어난 형제나 자매이지만 성향은 각기 다릅니다. 좋아하는 것, 싫어하는 것, 성격 등 대부분 다릅니다. 다르다는 것은 틀린 것이 아닙니다. 따라서 서로 다른 성향을 가진 자녀들을 비교하면서 그 행동을 판단하는 것은 자녀로 하여금 반항심만 키우는 결과를 줍니다. 첫째가 가방을 책상 위에 둔다고 둘째도 형처럼 그래야만 하는 것은 아닙니다. 둘째가 가방을 소파 위에 두는 행동 그 자체로 이야기해야지 형과 비교해서 동생의 행동이 비난받아서는 안 되는 것입니다.

자녀의 행동을 볼 때에는 자녀의 행동 그 자체를 봐야 합니다. 자녀의 행동을 다른 자녀와 비교하는 순간 우리는 잘못된 결론을 도출하게 됩니다. 그리고 하지 말아야 할 비교를 아무렇지도 않게 해 버립니다.

다름은 틀림이 아님을 인정하며 좋을 것 같습니다. 그리고 자녀의 행동을 볼 때 다른 자녀의 행동과 비교해서 보지 말고 자녀의 행동 그 자체로 본다면 문제 행동들이 많이 사라질 수도 있을 겁니다.

댓 글

- '느그 언니들은 안 그라는데 니는 와 그라노? 그라니까 니 동생도 그란 다 아이가~' 버럭 화내시던 울 엄마가 생각나네요.
- 일상생활에서도~ 다름과 틀림 많이 혼돈해서 사용했어요. 틀림이 아니라 다름을 인정해야겠군요~^^
- 틀림이 아닌 다름을 인정하라~ 아이를 키우면서 부모와 아이 모두가 성장하는 것 같아요. 다름을 인정할 수 있도록 노력해야겠어요^^
- 다름이 틀림이 아님을 인정하니 맘은 편한데 일은 많이 늘어서~~ 첫째 아이 때보다는 신체적으로 더 늙은 엄마는 혈기 왕성한 둘째가 좀 힘드네요.

Tip ▶▶ 형제는 각자가 가지고 있는 고유한 특성이 있습니다. 그래서 비교의 대상이 되어서는 안 됩니다. 형제가 비교 대상이 되는 순간 둘 중 하나의 특성은 무시되는 것입니다.

21. 자녀들의 다툼

저는 아들만 셋입니다. 큰아이는 중학교 3학년이고 둘째는 초등학교 6학년, 막내는 초등학교 1학년입니다. 세 명의 아들에 제가 바라는 것은 건강하게 잘 자라 주는 것과 사이좋게 자라주는 것입니다. 감사하게도 세 아들은 저의 바람대로 지금까지 큰 병 없이 건강하게 잘 자라 주었습니다.

그런데 형제끼리 사이좋게 지냈으면 하는 바람은 여지없이 무너집니다. 막내는 아직 어려서 싸움에 말려들지는 않지만 첫째와 둘째는 의견대립이 많습니다. 특히 둘째는 막내가 태어나고 나서부터는 형과 의견충돌이 많이 늘었습니다. 중간에 끼어 있다 보니 형에게 늘 '피해를 보고 있다.'고 생각하는 것 같고, 첫째는 둘째가 자기를 형으로 대접해 주진 않는 것 같아 늘 서운한 감정을 가지고 있는 것 같습니다.

아내는 이런 둘의 갈등이 많이 속상한가 봅니다. 특히 제가 없을 때에는 둘을 중재하기가 아내로서는 힘이 듭니다. 남자애들이라 싸움이 거칠기도 합니다. 오늘도 교회에 갔다 오는 길에 아내의 차에서 둘이 싸웠나 봅니다. 저는 늘 오전 예배만 보고 센터나 집으로 와서 그동안 밀린 글을 쓰거나 정리를 하는 탓에 아내가 오후예배를 마치고 아이들을 차에 태우고 집으로 오는데, 오는 도중 차 안에서 전쟁이 나곤 합니다.

오늘도 집으로 들어오는 둘째와 아내의 얼굴이 많이 안 좋습니다. 저는 직감적으로 둘이 또 싸웠음을 인지합니다. 아니나 다를까 막내가 저에게 와서 말을 합니다.

"아빠, 형들이 또 싸웠어요. 엄마가 화 많이 났어요."

큰애와 둘째가 각자 자기 방으로 들어가서 나오지를 않습니다. 아내에게 물었습니다.

"둘이 싸웠어?"
"재들은 무슨 원수들도 아니고… 왜 저리 싸우는지 모르겠네."
"어떻게 싸웠는데?"
"서로 욕하고 난리도 아니었어요."

아내의 말을 들으니 좀 심하게 다툰 모양입니다. 원래는 싸워도 둘이 거실에 나와 있는데 오늘은 각자의 방에 들어가 나오지를 않습니다. 서로 우애 있고 사이좋게 지냈으면 하는 바람은 아마 저의 욕심일까요?

사실 형제간의 경쟁과 우애는 많은 신화와 전설, 그리고 이야깃거리의 주제가 되곤 하였습니다. 그만큼 형제간의 경쟁과 우애가 인류에게는 커다란 숙제이기도 하고 관심사이기도 했음을 뜻하는 것이겠지요. 형제관계에서의 경쟁과 우애는 마치 동전의 양면과도 같아서 모든 형제관계는 이 두 가지 요소를 함께 지니고 있습니다.

한 부모를 사이에 두고 애정과 관심을 쟁취해야 한다는 점에서 형제관계의 시작은 '경쟁'입니다. 즉, 형제는 태어나면서 필연적으로 '경쟁'이라는 구도를 가지고 태어납니다. 그러니 어쩌면 형제의 갈등은 오랜 역사만큼이나 당연한 과정인지 모르겠습니다.

돌아보면 저도 동생들과 많이 다툰 것 같습니다. 물건 때문에, 부모님의 사랑을 두고, 먹을 것을 두고, 옷을 두고 참 많이도 싸운 것 같습니다. 그렇다고 지금 동생들과 제가 원수가 된 것이 아닙니다. 지금은 모여서 술 한 잔하면서 웃으면서 이야기할 수 있는 추억입니다.

그러고 보면 형제간의 다툼은 어쩔 수 없는 것이고, 당연한 것일 수도 있겠습니다. 부모 입장에서는 다투지 않고 우애 있게 지내는 것이 좋겠지만 그것은 부모의 바람일 뿐이겠지요. 그렇다면 부모는 형제간 다툼을 어쩌면 당연한 것으로 받아들일 필요가 있을 것 같습니다. 부부도 갈등이 있고, 다툼이 있는데 아이들이라고 갈등이나 다툼이 없을 리가 있겠습니까? 싸움을 통해 감정을 풀고, 화해하는 과정을 통해 사회성을 키우는 것이 속으로 담아두는 것보다 나을 수도 있습니다. 다툰다는 것은 또한 서로에게 관심이 있다는 증거이고 애정이 남아 있다는 증거도 됩니다. 무관심하거나 애정이 없으면 다투지 않기 때문입니다.

부모는 너무 자녀들의 다툼에 개입할 필요가 없습니다. 싸우고 충분히 자신들의 감정을 느끼게 하는 것이 좋습니다. 그리고 자녀들이 도무지 자신들의 힘으로 안 될 때 부모가 도와주면 됩니다. 사실 부모가 자녀들의 다툼을 그냥 넘기지 못하는 것은 부모 자신이 그 다툼을 보아 넘길 힘이 없거나 용기가 없기 때문일 수도 있습니다.

상심하는 아내에게 말을 했습니다.

"우리도 갈등하고 다투고 싸우잖아. 애들이야 당연히 다툴 수도 있고 싸울 수 있는 거지."

"그래도…. 좀 안 싸우고 지내면 얼마나 좋아."

"그렇지 우리 바람대로 안 싸우면 좋지. 그런데 그게 힘들잖아. 당신도 나도 어릴 때 동생들과 많이 싸웠잖아."

"음… 그건 그렇지만…."

"그냥 아이들을 믿어 봅시다. 이제 저 녀석들도 충분히 자신의 감정을 분출하고, 조절할 수 있는 나이가 되었잖아."

"휴우… 어렵네요."

"나도 그래. 그래도 부모는 그냥 내버려 두어야 할 때도 있어야지.

그리고 지켜보고 있다가 도움을 요청하면 그때 도와주자고."

아이들이 싸우지 않는다면 좋겠지만 그러기는 참 힘들 겁니다. 사람 사는 곳은 다 똑같아서 갈등이 있고, 다툼이 있고, 분열이 있을 수밖에 없습니다. 그러니 차라리 그 다툼을 인정하고 받아들이는 것이 좋을 것 같습니다. 그리고 자녀들이 스스로 싸움을 그치고, 화해할 수 있도록 지켜봐 주는 것도 좋을 것 같습니다. 부모의 과다한 개입이 오히려 둘의 싸움을 키울 수도 있습니다.

댓 글

- 저희도 아들만 셋…. 큰아이는 24. 둘째 14. 막내 13. 이렇게 있습니다. 큰아들에게는 감히 어쩌지 못하고 둘째 셋째 사이에서 많은 다툼이 있지만~ 속상해도 10번 중 1번만 관여하고 나머진 신경을 쓰지 않습니다. 싸우다가도 둘이 키득키득 하니까요~~ 남자아이들이라서 가끔 주고받으면 때리는 경우는 있지만 이내 조용히~
- 자녀를 바라보는 부모의 마음은 항상 부족하게만 느껴져서 더 잔소리하게 되는 것 같아요. 교수님처럼 믿고 맡기면 되는 데 말이죠. 엄마의 잔소리가 너무 싫어서 나는 안 그럴 거라고 맘먹었는데…. 어느 순간 정신 차려보니 저도 엄마랑 똑같은 잔소리를 하고 있는 거 있죠… 그래도 여기서 읽었던 많은 글들 덕분에 제 모습을 다시 돌아보고 다짐하게 된답니다~~^^
- 지켜보는 용기가 필요할 것 같아요. 감사합니다.
- 아! 그렇구나! 하고 읽고 있습니다. 감사합니다. 늘 좋은 글 덕분에 도움을 많이 받고 있습니다.
- 교수님 집 아이도 싸우는 군요^^* 솔직한 교수님의 고백에 힘이 납니다.
- 역시나 자녀의 싸움은 힘든 문제입니다.

Tip ▶▶
자녀의 다툼은 자녀들끼리 해결할 수 있도록 지켜보는 것도 좋습니다. 부모가 너무 개입하면 오히려 다툼이 커질 수도 있습니다.

22. 싸우는 형제 말리는 부모

형: 야! 너 또 내 물건 만졌지?

동생: 아니거든.

형: 그럼 이거 누가 만졌는데!

동생: 내가 어떻게 알아?

형: 이게 죽을라고!

동생: 엄마 형이 나 죽인데요.

형: 내가 언제 그랬는데.

동생: 금방 그랬잖아.

형: 여하튼 맞을 짓만 골라서 하네. 진짜!

동생: 왜 또 때리려고? 엄마한테 다 일러버린다.

형: 그래. 일러라 일러!

결국 동생은 형에게 한 대 맞고 울면서 엄마에게 가서 억울함을 호소합니다. 그러면 엄마는 회초리를 들고 나타나서 판관 역할을 합니다.

엄마: 또 싸웠어? 너희들은 만나기만 싸우니?

형: ㅇㅇ이가 내 물건 함부로 만지잖아요.

동생: 내가 안 만졌다고.

엄마: 누가 먼저 그랬어? 누가 먼저 시작한 거야?

형: ㅇㅇ이가 내 물건을 허락 없이 만지잖아요.

동생: 내가 안 만졌다고 하잖아. 왜 내 말을 못 믿는데.

엄마: 둘 다 시끄러워. 뭐 잘했다고 난리야!

형: 아! 진짜 왜 내가 꾸지람을 들어야 하냐고요?

엄마: 넌 형이잖아. 형이면 동생한테 양보도 하고 그러면 안 되니?

왜 동생하고 똑같이 그러냐고?

형: 아니 내가 먼저 그런 게 아니잖아.

엄마: 넌 형이잖아. 형!

형: …….

엄마: 그리고 너, 너는 왜 형에게 대들어? 어? 넌 동생이잖아!

동생: 엄마는 맨날 형만 편들고….

엄마: 내가 언제 편을 들었다고 그래? 어?

저희 가정에서 종종 벌어지는 일들입니다. 아들만 셋인 집에서 큰애와 둘째의 터울이 3살밖에 나지 않아 형제간 다툼이 많은 편입니다. 대부분의 부모들이 그렇듯이 저희도 형제들이 사이좋게 지내기를 바랍니다. 그런데 그게 잘 안됩니다. 다른 집 자녀들은 형제·자매끼리 우애 있게 지내는 것 같은데 유독 우리 집 아이들만 서로 다투는 것 같아 보입니다.

사실 형제자매의 우애를 당연하게 생각하는 분들이 많지만, 세상의 모든 일이 그러하듯 형제간의 우애 역시 저절로 얻어지는 것은 아닙니다. 오히려 부모의 사랑과 인정을 놓고 경쟁을 벌여야 하는 형제관계는 세상의 어떤 대인관계보다 치열한 것입니다. 이럴 때 부모가 어떻게 개입해야 하느냐는 부모가 가진 큰 숙제입니다.

일단은 부모는 형제의 다툼이 있을 때 사용하지 말아야 하는데 자주 사용하는 말이 있습니다. 바로 '누가 먼저 그랬어?'입니다. 이 말은 서로의 잘못을 '고자질'하라는 뜻과 다르지 않습니다. 예를 들어 '누가 먼저 그랬어?'라고 물었을 때 '제가 먼저 그랬어요.'라고 고백하는 순간 싸움의 모든 책임을 져야 한다는 것을 알기에 절대 자신이 그랬다고 하지 않을 것입니다.

그러면 결국 아이들로 하여금 서로를 고자질할 수밖에 없는 상황에 이르게 되고 둘의 관계는 더더욱 나빠질 수밖에 없습니다. 이 말과 더불어 '왜 그랬어?'라고 아이들에게 묻는 것도 형과 동생이 서로 책임을 미루는 결과를 낳게 됩니다. 따라서 형과 동생이 다툴 때 '누가 먼저 그랬어?' 또는 '왜 그랬어?'라는 말은 하지 않는 것이 좋습니다.

형제간 다툼이 있을 때 부모는 아이들 각자의 화난 이유를 듣는 것이 좋습니다. 무엇이 다툼의 원인이었는지 각자의 입장을 정리해 준 다음 아이들의 발달 수준에 따라 개입의 정도를 결정하는 것이 중요합니다. 사실 형제나 자매들은 쉽게 다투기도 하지만 쉽게 화해하고 쉽게 어울리기도 합니다. 따라서 싸움이 격한 수준이 아니라면 아이들 각각의 입장을 정리해 준 후 아이들 스스로 문제를 해결할 수 있는 기회를 주면 스스로 다툼을 멈추기도 합니다. 이때 중요한 것은 아이들이 내놓는 의견이 부모의 마음에 들지 않고 하찮은 것이라도 그 의견을 존중해 주고 충분한 반응을 해 줄 필요가 있습니다. 만약 해결책에 대해서 힘들어한다면 부모가 아이들이 보다 세련된 방식으로 문제를 해결하는 방법을 연습하도록 도와주면 됩니다. 이때 다양한 힌트나 상황을 충분히 사용하시는 것이 좋습니다.

만약 부모가 보기에 싸움이 심할 때는 잠시 떨어져 충분히 생각하거나 쉬는 시간을 갖는 것이 좋습니다. 일단은 그 시기에 화난 감정을 가라앉히는 것이 중요합니다. 싸움이 격하다는 것은 감정이 매우 격하다는 것을 의미하며, 감정이 격하다는 것은 대화가 합리적으로 되지 않기 때문에 일단은 감정을 조절할 수 있는 충분한 시산이 필요합니다. 이때 자녀들이 하는 행동에 대해서는 부모가 충분히 인내하면서 기다릴 필요가 있습니다.

기분이 어느 정도 풀려 부모가 대화를 해도 될 정도가 되거나, 형제간의 상호작용이 다시 시작되면 부모님이 개입해도 늦지 않습니다. 사실 아이들은 어른들처럼 감정이 깊게 상해서 다투는 것이 아니라 순간적인 감정으로 다투는 일이 많기에 부모가 둘 사이에 너무 깊숙하게 관여하지 말고 지켜보는 것도 좋은 방법입니다.

댓 글

- 저희 집도 다르지 않아서리… 뜨끔하면서도 위안이 되었답니다.
- 교수님 말씀처럼 깊이 관여 말고 지켜보면 될 것을 왜 누가 먼저 그랬어? 시시비비를 가리고 매를 들거나 벌을 주었는지 모르겠네요. 이렇게 부모교육이란 걸 받아서 진작에 순간적인 감정임을 인지하였다면 아직까지도 매로 다스린 것을 후회하지 않을 텐데… 형한테 덤빈다고 동생을 많이 혼냈거든요.
- 에고.. 저도 애들 싸우면 늘 하는 말이네요.. 저희는 두 살씩 삼 형젠데 첫째의 포스가 남달라 늘 둘째랑 셋째가 아웅다웅하네요. 딱 저렇게 혼내는 것 같아요. 앞으로는 방향을 좀 바꿔봐야겠네요. 감사합니다.
- 터울이 많으면 안 싸울 줄 알았는데 그것도 그렇지가 않더라구요. 근데 둘 다 성장하면서 싸움은 자연스럽게 끝이 난답니다.
- 저희는 외동인데. 애와 아빠가 싸우더라구요. 애가 성장하니 싸움의 빈도는 현저하게 줄었는데 서로 외면하는 것 같아 걱정입니다.
- 감사합니다~~~ 객관적인 입장에서 절 바라볼 수 있게 해주셔서^^;…
- 저희 집에서도… 아들만 셋이거든요. 2번은 예민한 중딩, 슬슬 시작하는 5학년 3번, 동생의 반응에 더 장난 거는 18세 1번까지. 아주 바람 잘 날이 없어요. 차라리 말 섞지 말라면 어느새 붙어 있는 것들….

Tip ▶▶

아이들의 다툼은 어른들과 다릅니다. 어른의 눈으로 자녀들의 다툼을 보지 마시고, 아이들의 눈으로 봐주세요. 그러면 자녀들의 다툼이 이해가 갈 겁니다.

2

부모와 함께 떠나는 행복여행

1. 우리 자녀는 왜 이런 행동을 할까요?

상담자: 어제 전화로 예약하셨죠? 제가 무엇을 도와드릴 수 있을까요?

내담자: 우리 아들 행동이 너무 이상해요.

상담자: 아들 행동이 이상하다고요?

내담자: 네. 우리 아들이 사춘기가 시작되면서 행동이 이상해졌어요.

상담자: 구체적으로 상황을 설명해 주실 수 있을까요?

내담자: 예를 들면, 동생에게 이유 없이 화를 내고요. 저한테 꼬박꼬박 말대꾸를 하고, 심지어는 화를 내면서 저한테 큰소리를 치고 자기 방으로 들어가서는 고함을 지르고 난리도 아니에요.

상담자: 평소 보지 못했던 자녀의 행동에 많이 당황하셨겠군요.

내담자: 왜 그런 행동을 하는지 이유를 모르겠어요. 저는 나름대로 최선을 다한다고 하는데… 요즘 같아서는 진짜 살맛이 안나요. 휴우….

상담자: 어머니께서 많이 지치셨나 봅니다.

내담자: 그런 것 같아요. 매일 매일이 지옥 같아요.

상담자: 그럴 것 같네요. 제가 어머니 상황이라도 힘들 것 같아요.

내담자: 우리 아들이 왜 이런 행동을 할까요? 어떻게 해야 우리 아들이 저런 행동을 멈출까요? 진짜 별것 다해 봤는데……. 이젠 무엇을 더해야 할지 모르겠어요.

상담자: 그렇겠군요. 그런데 아들이 왜 그런 행동을 하는지는 지금 문제의 핵심은 아닙니다. 문제의 핵심은 다른 곳에 있는 것

같습니다.

내담자: 네? 다른 곳에 있다고요? 아들의 행동이 문제가 안 된다는 건가요?

상담자: 아들의 행동이 문제다 아니다를 이야기하는 게 아닙니다.

내담자: 그럼요? 이번에도 다 제 탓인가요? 이해하지 못하는 제 탓인가요? 그래서 제가 참고 인내해야 되는 건가요?

상담자: 자! 조금만 진정하시고요.

내담자: 왜 항상 제가 참아야 하고, 왜 항상 모든 것을 저의 문제로만 봐야 합니까. 제가 뭐 그렇게 잘못했다고요.

상담자: 제 말을 오해하신 것 같은데요. 저는 지금 이 문제가 어머니의 잘못이라고 말하는 게 아닙니다.

내담자: 아들의 행동이 문제가 아니라면서요.

상담자: 제가 아들의 행동이 문제가 아니라고 한 건 아들이 왜 그런 행동을 하는가에 초점을 두지 마시라는 겁니다.

내담자: 아들이 왜 그런 행동을 하느냐에 초점을 두지 말라고요? 하지만 아들이 왜 그런 행동을 하는지 알아야 뭔가를 할 수 있지 않나요? 그냥 이렇게 내 버려둬야 하나요?

상담자: 그럴 수는 없지요. 제가 드리고 싶은 말은 아들이 왜 그런 행동을 하느냐에 초점을 두지 말고 아들의 행동에 내가 왜 불편하고 화가 나는지를 보라는 겁니다.

내담자: 아들의 행동에 내가 왜 화가 나는지를 보라고요?

상담자: 그렇죠. 중요한 건 아들의 행동이 아니라 그 행동으로 인해 나타나는 나의 반응입니다. 무엇이 나로 하여금 아들의 행동에 반응하게 만드는지를 이해하는 게 더 중요합니다.

내담자: 흠…. 그건 한 번도 생각해보지 않았던 문제인데…. 저는 그

냥 아들이 나를 화나게 하는 행동을 하니까 내가 화가 난다고 생각했거든요.

상담자: 물론 그 말도 틀린 말은 아닙니다. 그러나 그렇게 생각하면 어머니께서 화가 안 나려면 아들의 행동이 바뀌어야 하잖아요. 그건 어머니가 화가 나고 안 나고의 열쇠를 아들이 잡고 있다는 이야기가 됩니다. 그러면 어머니는 아들과의 관계에서 주도권을 아들에게 빼앗기게 되는 겁니다. 이렇게 되면 어머니께서는 계속해서 아들의 행동에 반응하게 될 수밖에 없는 겁니다.

내담자: 그렇네요.

상담자: 중요한 건 변화의 열쇠를 내가 잡고 있는 것입니다. 어머니가 화가 나고 안 나고는 어머니 자신이 결정할 수 있어야 한다는 것입니다. 아들의 행동과는 무관하게 말입니다. 그래서 아들의 행동에 대해서 원인을 찾고, 아들이 왜 그런 행동을 하는지에 대한 관심에서 아들의 행동에 대해 내가 왜 이런 반응하고 있는가로 옮겨와야 한다는 겁니다.

내담자: 그러고 보니… 그런 것 같네요… 아들의 행동을 보면서 저는 '어릴 때는 말도 잘 듣던 아이가 왜 이렇게 이상하게 변했지? 나는 나름대로 아이에게 최선을 다하고 잘 키웠다고 생각했는데 왜 이렇게 내가 생각했던 대로 안 되는 걸까?' 라는 생각을 많이 한 것 같아요….

상담자: 좋은 해석입니다.

내담자: 아마도 저는 아들의 행동을 보면서 제가 좋은 엄마, 아들을 잘 키운 엄마가 되기를 원하고 있었나 봅니다. 그래서 아들의 행동에 자꾸 반응을 한 것 같아요. 결국은 아들의 행

동에 이래라저래라 한 건 아들을 위한 게 아니고 제가 좋은 엄마가 되고자 하는 욕심 때문이었네요.

상담자: 상당히 좋은 해석입니다.

내담자: 휴우… 저는 그것도 모르고… 아들만 잡았으니… 지금부터라도 아들의 행동을 다시 한 번 봐야되겠네요… 두렵긴 하지만…

상담자: 어머니께서 이미 용기를 내셨습니다. 이제는 그 용기를 가지고 한 발 내딛으시면 됩니다.

내담자: 감사합니다. 한번 해보겠습니다.

얼마 전 상담했던 내용입니다. 사춘기 자녀를 둔 부모들의 공통적인 고민은 자녀들의 이해할 수 없는 행동입니다. 그래서 부모님들은 자녀가 왜 저런 행동을 하는지 궁금하기도 하고 화가 나기도 합니다.

자녀가 왜 그런 행동을 할까요? 그건 자녀만이 알겠지요? 즉, 부모가 아무리 예측하고 자녀의 마음을 헤아린다고 해도 정확하게 알 수 없는 영역입니다. 어설프게 추정해서 다가가는 오류를 범할 확률이 높습니다. 또 알았다고 한들 자녀의 행동을 바꾸는 데 내가 할 수 있는 게 거의 없습니다. 왜냐하면 바뀌고 안 바뀌고는 자녀가 선택할 문제이지 부모가 선택할 수 있는 게 아니기 때문입니다.

그러니 자녀의 행동으로만 초점이 가 있으면 갈등이 해결될 수가 없습니다. 좀 더 효율적인 방법은 자녀의 행동에 내가 반응하고, 화가 나는지 초점을 옮겨보는 것입니다. 그러면 내가 할 수 있는 것들이 많아집니다. 그러면 갈등 해결을 좀 더 효과적으로 다룰 수 있을 겁니다.

타인이 '왜 저런 행동을 하지'가 아닌 타인의 저런 행동에 '왜 내가 화가 나지?'로 접근하는 것이 좀 더 효율적으로 문제를 해결할 수 있는 방법입니다.

댓 글

- 교수님 글을 읽을 때마다 느끼는 거지만 꼭 저의 모습을 보신 것 같은 건 저만 느끼는 건가요? ^^
- 저도 관점을 바꾸어 생각해 보겠습니다. 감사합니다.
- 제 얘기 같아요~~^^
- 감사합니다~~ 저를 또 한 번 돌아보게 하네요~~. 앎으로만 끝내지 않고 실천하도록 하겠습니다.
- 교수님^^ 사춘기 자녀를 둔 엄마들은 갱년기와 함께 감정적으로 서로 힘든 거 같아요. 말씀대로 아이의 예측불허 변화무쌍한 감정들에 화를 내고 다그치고 하는 제 자신을 돌아보게 됩니다. 현명하고 지혜로운 조언의 말씀들 감사합니다.

Tip ▶▶

자녀의 행동에 초점을 두지 마시고 자녀의 행동에 내가 왜 이런 감정이 드는지에 초점을 맞추어 보세요. 좀 더 효율적으로 문제를 해결할 수 있을 겁니다.

2. 나의 가치는 내가 결정하는 것입니다

미국의 어느 대학에서 재미있는 실험을 한 적이 있습니다. 연인인 두 사람을 각각 자리에 앉혀 놓고 같은 설문지를 주고 그 설문지에 응답하도록 했습니다. 그런데 여기에는 한 가지의 속임수가 숨어 있었습니다. 그것은 두 사람에게는 같은 설문지라고 했지만 사실은 다른 설문지를 준 것입니다.

한쪽 사람에게는 옆에 있는 사람의 단점에 대해서 적으라고 했고, 다른 한 사람에게는 '당신의 방에 있는 가구나 물건을 최대한 많이 써 주세요.'라고 적혀 있는 설문지를 줬습니다. 단점을 적으라고 한 사람은 머뭇거리면서 응답하기 시작했고, 방안의 가구 이름을 적으라고 한 사람은 이것저것 열심히 적기 시작했습니다. 그러자 단점을 적고 있던 사람의 눈동자와 손동작이 미세하게 떨리기 시작했고 계속해서 옆 사람을 신경 쓰기 시작했습니다. 급기야는 옆 사람을 째려보기 시작합니다. 그동안 자신에게 가지고 있던 불만이 엄청나게 많다고 생각하게 된 것입니다.

설문지에 반응이 끝난 후 실험자는 두 사람에게 옆 사람에 대한 호감도에 대한 설문지를 주고 반응하게 했습니다. 호감도에 대한 설문은 실험이 시작되기 전 이미 한번 했던 것과 똑같은 것이었습니다. 그러자 놀라운 것은 단점을 적으라고 했던 사람의 경우 실험이 시작하기 전 연인에 대한 호감도는 100점 만점에 90점이었는데 시험이 끝난 후 호감도가 40점으로 뚝 떨어졌습니다. 가구 이름을 적으라고 한 사람은 실험 전이나 후에도 호감도는 크게 변한 것이 없는데 유독 단점에 대해 반응하게 한 사람의 연인에 대한 호감도는 큰 차이를 보였습니다.

우리는 남들의 시선에 많은 신경을 씁니다. 내가 화장을 하고, 좋은 옷을 입고, 좋은 차를 타고, 외출하기 전에 외모에 신경을 쓰는 것은 모두 남들이 나를 어떻게 생각할까에서 시작된 행동들이라고 봐도 틀리지 않을 것입니다. 그런데 재미있는 것은 아침에 외출하면서 입은 옷이나 화장은 꽤 만족한 것인데도 불구하고 다른 사람의 평가에 따라 쉽게 좌절되고 화가 납니다.

왜 그럴까요?

혹시 자아존중감이라고 들어보셨는지요? 줄여서 자존감이라고 합니다. 자아존중감이란 자신이 사랑받을 만한 가치가 있는 소중한 존재이고 어떤 성과를 이루어낼 만한 유능한 사람이라고 믿는 마음입니다. 즉, 자기 자신에 대한 사랑과 믿음의 마음입니다.

그런데 자존감이 낮은 사람은 자신을 부정적으로 생각하기 때문에 상대방도 자신을 부정적으로 평가할 것으로 생각합니다. 그래서 이들은 주위의 사람들이 자신을 덜 좋아한다고 느끼면, 이를 실제보다 크게 받아들이고 자신의 부정적인 면 때문에 사람들의 애정이 식을 거라고 지레 겁을 먹습니다.

그리고는 이런 상황에서 자존감이 낮은 사람은 상처를 받고 싶지 않아 스스로 보호막을 만들어버립니다. '이 사람은 원래 별로였어!', '우린 원래 안 친했으니 괜찮아!'라고 생각하며 관계에서 한 발짝 물러서게 됩니다.

그러나 자존감이 높은 사람은 상대방이 평소에 자신을 얼마나 긍정적으로 생각하는지 정확하게 알고 있습니다. 그래서 상대방이 자신의 단점에 불만을 가진 상황에서도 상처를 덜 받고 문제에 건강하게 대응할 수 있습니다. 즉, 상황을 제대로 파악해서 그 문제에 대해 대처해 나가는 것입니다.

위의 예를 들어보면, 만약 애인이 자신의 단점을 그렇게 거침없이 적고 있는 것이 마음에 걸린다면 지레짐작하고 그 사람을 판단하고 화를 내는 것이 아니라 그 사람이 생각하는 나의 단점이 무엇인지 묻고 대처해 나가는 것이 맞는 것이지요.

자존감이 낮은 사람은 관계의 신호에 굉장히 민감합니다. 그래서 상대방이 나를 신경 쓰는지, 신경 쓰지 않는지 끊임없이 상대방의 태도를 살핍니다. 그러다 조금이라도 자신을 신경 쓰지 않는다는 부정적인 신호를 발견하면 쉽게 불안해합니다. 하지만 이 불안함은 실제가 아닌 경우가 많습니다. 오히려 연구에 따르면 자존감이 낮은 사람들은 상대방의 긍정적인 표현을 잘 받아들이지 못하는 경우가 많다고 합니다.

그러니까 실제로 타인이 나를 부정적으로 생각하는 것이 아니라 내가 그렇게 만들어 생각한다는 것입니다. 그러니까 타인의 시선에 너무 많이 신경을 쓰지 않아도 됩니다. 사실 타인이 나를 어떻게 생각하든 나의 가치는, 나의 존재감은 변하지 않습니다. 내가 생각하는 나의 가치와 존재감이 곧 진정한 나인 것입니다.

댓글

- 많은 생각을 하게 되는 글입니다. 마음에 담아봅니다.
- "나의 가치는 내가 결정하는 것이다." 공감합니다...
- 이글을 통해 다시 한 번 아이의 자존감과 나 자신의 모습을 돌아봐야겠네요. 사랑하는 남편에게도 더 이상 기죽이는 부정적 말은 삼가야겠다고 반성해봅니다. 머리가 아닌 가슴으로 반성문 열 장 써봅니다.ㅠㅠ
- 아이들의 자아존중감 다시 한 번 생각하게 됩니다.
- 아… 반성하게 하네요… 제가 우리 아이의 자존감에 큰 상처를 낸 것 같습니다.
- 그렇군요 하면서 읽고 있습니다

Tip ▶▶

나의 가치는 타인에 의해서 결정되는 것이 아닙니다. 나의 가치는 스스로 결정하는 것입니다. 내가 생각하는 그것! 바로 그것이 나의 가치입니다.

3. 자존감은 자기 수용으로부터 시작됩니다

아들: 휴우… 저는 왜 이렇게 수학을 못할까요?

엄마: 네가 열심히 안 해서 그렇겠지?

아들: 학원에서 나름 열심히 하는데….

엄마: 그건 네 생각이고, 다른 친구들과 비교해 봐라! 네가 진짜로 열심히 하고 있는지를!

아들: 음… 친구들이랑 비교해도… 그렇게 열심히 안 하는 건 아닌데….

엄마: 열심히 안 하는 건 아니지만 친구들과 비교해보면 너는 열심히 안 하는 게 맞잖아! 그러니까 자신이 없는 거잖아!

아들: …….

엄마: 네가 친구들보다 더 잘할 것이라고 생각하고 열심히 해봐! 그래야 못한다는 생각보다는 잘한다는 생각이 들지.

아들: 흠…. 그래도 나는 수학이 어려워요. 자신도 없고….

엄마: 왜 그렇게 매사에 자신이 없어?. '나는 할 수 있다'. '나는 친구들을 이길 수 있다.'는 긍정적인 생각을 한번 가져 봐!

아들: 자신이 없는 게 아니라…. 그냥 수학이 어려우니까….

엄마: 뭐가 어려워! 너 친구들은 잘도 하는데! 너도 못한다고 생각하지 말고 자신감을 가지고 열심히 해봐라! 그럼 못할 게 없지!

아들: 휴우… 엄마는 말은 쉽게 잘하네요.

엄마: 말을 쉽게 하는 게 아니라 네가 자신감을 가지라고 하는 거야! 너는 할 수 있어! 누구 아들인데! 엄마가 다 너를 믿으니까 이런 말을 하는 거야!

가끔 자존감과 자존심을 혼동하시는 분들이 있습니다. 자존심은 타인과의 경쟁 속에서 자신을 지키려는 마음이고, 자존감은 타인과의 경쟁 등과는 전혀 관계없이 평소에 자신의 가치를 스스로 높게 인정하고 자기 자신을 사랑하고 존중하는 마음입니다. 자존감이 스스로 자신을 믿고, 신뢰하고, 존중하는 것이라면 자존심은 그런 것을 본인이 결정하는 것이 아니라 타인에게 의지하는 것이라고 할 수 있습니다. 본인에게 자신이 없으니 타인의 판단이 중요하고, 타인의 판단에 따라 자신의 가치를 결정하게 됩니다. 그래서 자존심은 타인에게 강해 보이려는 두려움의 심리상태라고 보기도 합니다.

부모 입장에서 보면 자녀가 높은 자존감을 가졌으면 하는 마음이 듭니다. 그래서 부모님은 자녀의 자존감을 높이기 위해 격려와 지지 그리고 칭찬을 아끼지 않습니다. 그러나 부모가 자존감을 높이기 위해 하는 행동이나 말들이 오히려 자녀의 자존감을 낮추는 결과를 가져오는 경우가 있습니다.

특히 자녀의 자존감을 세워주기 위해 다른 사람과 비교해서 자녀를 높이는 행위나, 결과적인 행위를 보고 칭찬하는 것 등은 자녀의 자존감을 높이는 데 오히려 방해가 되는 행위들입니다. 타인과 비교하여 자녀를 높이는 행위는 자존감이 아닌 자존심을 높이는 결과를 초래하고 결과를 칭찬하는 것은 능력 있는 사람이 상대를 판단하고 내리는 결론이기에 자존감을 높이는 데 도움이 되지 않습니다.

또는 무조건적으로 자기 긍정을 하는 것도 자녀의 자존감을 높이는 데 전혀 도움이 되지 않습니다. 하지도 못하면서 '나는 할 수 있다.' 혹은 '나는 강하다.'라고 주문을 것은 오히려 자존감을 낮추는 것입니다. 아울러 자녀가 실제로 그것을 할 수 있다는 믿음도 없이 '너는 할 수 있다', '너는 이길 수 있다.'라고 던지는 말들도 자존감을 높이는 데 도움이 되지 않습니다.

자존감은 '하지 못하는 나'를 그대로 받아들이고, 현재의 자신을 있는 그대로 인정하고 할 수 있을 때까지 앞으로 나아가도록 하는 데서 출발합니다. 이것을 아들러는 '자기수용'이라고 표현합니다. 즉, 자존감은 부모가 자녀로 하여금 자신의 모습을 그대로 인정하고 받아들이도록 하는 데서 시작되는 것입니다.

수학을 못하는 자녀로 하여금 수학을 하지 못하는 현재의 자신을 받아들이고 수학을 잘할 수 있으려면 어떻게 해야 좋을지 방법을 찾아가도록 해야 합니다. 그러니 수학을 못한다고 비관할 필요가 없는 것입니다.

개인이 타인과의 비교를 통해 자신을 가치 있게 생각하고 자랑스럽게 생각하고, 사랑하는 것은 자존감이 아닌 자존심입니다. 또한 하지도 못하면서 '나는 할 수 있다.' 혹은 '나는 강하다.'라고 주문을 거는 것은 착각이지 자존감이 아닙니다. 자존감은 현재 있는 모습 그대로의 자신을 인정하고 받아들이는 것입니다. 그 모습에서 스스로 자신의 가치를 발견하고, 노력하여 한 발 한 발 나아가는 것을 의미합니다.

따라서 자녀로 하여금 자존감을 높이게 하고 싶다면 먼저 있는 모습 그대로의 자신을 받아들이도록 해야 합니다. 그것이 자존감의 첫 출발입니다.

댓 글

- 저희 집을 그대로 옮겨놓으신 거 같네요. 단지 저희 아들은 학원을 안 다닐 뿐…. 있는 그대로의 자신을 인정하고 받아들이는 것. 맞네요. 자존심이 센 아들이 현실을 받아들이고 수용하는 게 쉽지 않은가 봐요. T.T 겪어야 할 과정이겠죠?
- 있는 모습 그대로를 받아들이는 것 ^^* 진짜 중요할 것 같습니다.
- 아이들을 키운다는 게~~ 정확한 답이 없어 보입니다. 항상 응원과 격려로 지켜보면서…
- 자존감과 자존심을 착각하며 살아온 것 같네요.
- 글 너무 잘 읽었습니다~~ 그대로의 모습부터 수용하고 인정해주고 사랑하겠습니다.

- 저는 참~ 많은 착각 속에 아이들을 교육시키고 있네요...
- 지금 막 아들과 언쟁하며 위와 똑같은 대화를 끝내고 혼자 거실에 와 이 글을 읽게 되었네요. 위 글을 읽고 있으면 공감이 가지만 실제상황이 닥치면 왜 따뜻한 말 한마디가 잘 안 나오는지요. 그러면서 자존감이 높은 아이로 키우고 싶어하는 제 마음을 오늘도 반성합니다.

Tip ▶▶
자신의 있는 모습 그대로를 받아들일 수 있어야 자존감이 성장할 수 있습니다. 누군가와 비교를 하는 것은 자존심을 키우는 것입니다.

4. 아빠는 행복하세요?

소파에 멍하니 앉아 있는 둘째 아이에게 말을 걸어 봅니다.

아빠: 무슨 생각을 그렇게 열심히 하고 있어?
아들: 아~ 그냥요.
아빠: 그냥? 그냥 그러고 있는 거야?
아들: 음…. 어른이 되면 뭐가 되면 좋을까 하고 생각을 해 봤어요
아빠: 그래? 어른이 되면 뭐가 될까를 생각했다고?
아들: 네.
아빠: 갑자기 그런 생각을 왜 했을까?
아들: 음… 그냥 생각해 본 거예요. 그런데 아빠는 어릴 때 꿈이 뭐였어요?
아빠: 아빠는 어릴 때부터 선생님이 되는 게 꿈이었어.
아들: 그래요? 그럼 아빠는 꿈을 이루신 거네요. 지금 선생님이시니까.
아빠: 응. 아빠는 어릴 때부터 되고 싶은 선생님이 되었으니까.

아들: 저도 아빠처럼 선생님이 되고 싶어요.

아빠: 선생님이 되고 싶어?

아들: 네. 선생님이 되고 싶어요.

아빠: 왜 선생님이 되고 싶은데?

아들: 일단은 가르치는 게 재미있는 거 같아요. 그리고 가르쳐보고 도 싶어요.

아빠: 그렇구나. 네가 그렇다면 한번 도전해 봐!

아들: 네. 그리고 아빠를 보니까 선생님이 되면 좋을 것 같아요.

아빠: 나를 보고?

아들: 네. 아빠를 보면 행복해 보여요. 아빠는 선생님이 잘 어울리는 것 같아요. 그래서 저도 아빠처럼 그런 선생님이 되고 싶어요.

어릴 적 어머니께서 저희 형제들에게 자주 하시던 말씀이 있었습니다.

"아버지가 힘들게 고생해서 벌어온 돈으로 너희들이 먹고 공부를 하는 거야. 아버지께 감사하고 공부 열심히 해야 된다."

어머니 말씀처럼 아버지는 아침 일찍 나가셨고, 밤늦게 들어오셨습니다. 집에 오시면 씻으시고, 바로 방에 들어가 주무셨습니다. 주말에도 편히 쉬시지를 못하셨습니다.

아버지는 한 번도 당신의 일에 대해서 이야기를 하신 적이 없습니다. 그래서 저는 아버지가 하시는 정확한 일을 중학교 졸업할 때쯤에서야 알게 되있습니다.

아버지는 어릴 때부터 되고 싶었던 것이 있었지만 할머니의 강요로 못하셨다고 했습니다. 할머니께서는 18살에 시집오셔서 23살에 혼자되시고 3대 독자인 아버지만을 보고 사셨기에 아버지를 당신이 원하는 모습으로 키우신 것 같습니다. 아버지도 그런 할머니를 거역하지 못하셨을 겁니다. 그러다 보니 아버지는 자신이 하고 싶었던 일보다는 가족을 위한 일을 선택하셨고, 한 번도 이직하시지 않고 정년을 맞이하셨습니다. 제가 기억하는 아버지는 웃는 모습보다는 어깨가 처진 모습이 많았던 것으로 기억합니다.

그런 아버지에게 감사한 한 가지는 한 번도 저에게 뭐가 되라고 강요하신 적이 없으셨다는 겁니다. 어릴 때부터 교사가 된다고 했을 때도 묵묵히 지켜봐 주셨고, 고등학교 3학년 때 갑자기 목사가 되겠다고 신학교를 간다고 했을 때도, 신학교를 졸업하고 교사가 된다고 다시 사범대로 간다고 했을 때도 아버지는 제가 원하는 대로 하라고 하셨습니다. 아마 아버지께서는 당신처럼 아들이 원치 않는 직업을 가지고 살아가는 것을 원하지 않으셨나 봅니다. 제가 스스로 선택해서 저의 직업을 선택해서 살아가기를 바라셨을 겁니다.

아버지의 바람처럼 저는 현재 제가 원하는 직업을 스스로 선택했습니다. 몇 번의 진로를 수정하기는 했지만 수정도, 선택도 제가 스스로 한 것입니다. 제가 현재에 나름 만족하고 행복하다고 생각하는 것은 제가 안정된 직장에 속해 있고, 존경받는 자리에 있기 때문이 아니라 어릴 때부터 희망했던 것을 스스로 선택해서 하고 있기 때문입니다.

오늘 둘째가 교사가 되겠다고 하는 말을 들으며 가슴이 벅차오르는 감격을 느낍니다. 교사가 안정되고, 좋은 직업이라 그런 것이 아닙니다. 자기 스스로 교사가 되겠다고 저에게 선언하는 그 모습이 감격스럽고 좋은 것입니다.

물론 아들이 자라서 교사가 안 될 수도 있습니다. 뭐가 될지는 아무도 모르는 것입니다. 그러나 아들은 오늘처럼 스스로 무언가가 되기 위한 선택을 스스로 할 것입니다. 그러면 아들은 저처럼 현재의 자신에 대해 꽤 만족하고 살아갈 것입니다.

가끔은 자녀에게 뭐가 되라고 말하기 전에 '나는 지금 행복하게 내가 가진 일을 하고 있는가?'를 물어보면 좋을 것 같습니다. 만약 행복하다면 자녀들은 스스로 무언가가 되기 위한 선택의 힘을 키워나갈 것입니다.

댓 글

- 선택의 힘… 그 중요함을 자녀들과 공감해야겠다는 생각을 하게 됩니다^^~~ 선택의 중요성도 다시금 함께 고민해보는 계기가 되네요…!! 감사합니다 ~~~
- 늘 과제분리가 잘 안 되는 조급한 엄마라서 반성하고 있습니다.
- 청소년들의 힘을 믿어 봅니다. ^^* 스스로 선택할 수 있는 힘!
- 맞습니다. 자녀의 인생을 부모라고 해서 내 마음대로 정해준다는 건 아이에게 미래의 선택권을 송두리째 빼앗아 버리는 일이죠.
- 울 딸도 중2라 그런지 자기의 미래에 대한 생각들이 무궁무진한 것 같아요.
- 그래서인지 이번 글을 읽으면서 맘에 남았던 것은 한 번도 무엇이 되라고 말씀하지 않으시고 묵묵히 아들을 믿어주셨던 아버님의 모습이었습니다. 참 닮고 싶네요~^^
- 강요하지 않았었는데 결과적으로…. 강요가 되어버린 현실에 맘이 좋지 못하네요. 되돌아 보니 주입식이었던 것 같습니다. 현실적인 꿈만 이야기해준 것이…
- 스스로 선택하게끔 지켜봐 주고 응원해주는 엄마가 될 수 있기를 빌어 봅니다.

Tip ▶▶

부모의 행복한 모습을 보여주세요. 자녀는 그런 부모를 보면서 또 다른 꿈을 키워 갈 겁니다. 현재 부모가 행복하게 하고 있는 모든 것들이 자녀들에게는 꿈과 희망이 됩니다.

5. 사소한 것, 아무것도 아닌 것

최근 며칠 동안 학교와 관련된 업무가 많아서 퇴근이 늦습니다. 오늘도 주말이지만 학교에 출근해서 이것저것 정리하고 피곤한 몸을 이끌고 조금 이른 퇴근을 합니다. 집에 와 간단히 씻고 저녁이 될 때까지 침대에 잠시 눈을 붙였습니다. 시끌벅적한 소리에 잠이 깨어 보니 저녁 시간입니다.

손을 씻고 식탁에 앉아 저녁을 기다리는데 구수한 냄새가 코끝을 자극합니다. 오랜만에 아내가 쇠고깃국을 끓이고 있습니다. 저희 식구들이 유난히 좋아하는 메뉴입니다. 식구가 식탁에 둘러앉습니다. 밥과 국 그리고 반찬들이 차려집니다. 차려지는 식탁을 흐뭇하게 바라보다가 문득 제 밥 옆에 놓인 국이 눈에 들어옵니다. 아들들 옆에 놓인 국과 저의 국이 뭔가 다릅니다.

애들 국에는 고깃덩어리가 눈에 훤히 보이는데 내 앞에 놓인 국에는 고기를 찾기가 힘듭니다. 고기 대신 제 국에는 콩나물과 버섯 그리고 무가 대부분입니다. 반대로 아들들의 국에는 고기가 대부분입니다.

순간 무언가 울컥 올라옵니다. 무언가 말을 하고 싶은데 뭐라 할 수도 없고 물끄러미 죄 없는 국만 째려봅니다. 어느 정도 째려보다가 서운한 마음에 저도 모르게 말했습니다. 아주 작은 목소리로 말입니다.

"왜 내 국에는 고기가 없지. 다른 사람 국에는 고기가 가득한데?"

말 끝나기가 무섭게 아들들이 저를 봅니다. 특히 아내는 어이가 없다는 표정으로 저를 봅니다. 다 큰 어른이 반찬 투정이나 한다는 한심한 눈으로 보는 것 같습니다. 막내가 자기 국에 있는 고기를 하나 떠서 제 국에 놓아줍니다.

"아빠 이거 다 먹어요."

합니다.

큰아이와 둘째는 멍하니 보다가 국을 자기들 앞으로 당깁니다. 넘보지 말라는 거겠지요.

상황이 좀 이상하게 흘러버렸습니다. 나도 모르게 내뱉은 말이 상황을 어색하게 만든 것 같습니다. 그래도 여기서 멈추면 진짜 이상할 것 같더군요. 그래서 다시 나지막한 목소리로 이야기했습니다.

"내가 고기를 먹고 싶다는 게 아니라 내 국에는 고기가 너무 없어 보이니까…."

그러자 아내가 한마디 합니다.

"저기 냄비에 고기 많아요. 다 퍼 드세요!"

내가 고기가 먹고 싶어서 그런 게 아니라 그냥 아들들의 국과 저의 국의 내용물의 차이가 심해서 한 소리인데 고기를 못 먹어 환장한 사람 취급을 당했습니다. 밥맛이 뚝 떨어지는 것이 도무지 밥을 먹을 수가 없더군요. 그렇다고 숟가락을 놓고 일어서면 상황이 진짜 이상해질 것 같고 해서 꾸역꾸역 밥을 먹었습니다.

국에는 숟가락이 가지를 않더군요. 그래서 다른 반찬으로 밥을 먹는데, 소시지가 눈에 들어옵니다. 그래서 소시지를 집었는데, 막내가 그럽니다.

"아빠 그건 아빠 먹으라고 한 게 아니고 나 먹으라고 엄마가 특별히 만들어 준 건데."

놓자니 그렇고 해서 무시하고 그냥 먹어버렸습니다. 그러자 아내가 소시지 접시를 막내에게 밀어줍니다. 황당해서 막내에게 그랬습니다.

"야! 이거 아빠 돈으로 산 거거든. 그러니까 아빠도 먹어도 되거든."

그러자 이번에도 아들들과 아내가 저를 한심하다는 듯이 봅니다.

사실 별거 아닌데 그 별거 아닌 것에 마음이 상하는 하루였습니다. 아무것도 아닌데 그 아무것도 아닌 것에 신경이 쓰입니다. 사람은 큰 것에 마음이 상하거나 아플 수도 있지만 대부분이 작은 것, 아무것도 아닌 것에 마음이 상하고 다치는 것 같습니다. 누가 보면 웃기고, 사소하고, 한심한 것 같지만 누군가는 그런 것에 상처를 받습니다. 반대로 사람은 큰 것에도 감동하지만 대부분 사소하고 아무것도 아닌 일상적인 것에 감동하기도 합니다.

그렇습니다. 우리가 쉽게 흘리고 가볍게 생각하는 그 사소한 것 아무것도 아닌 것에 누군가는 감동을 하고 누군가는 상처를 받습니다. 쉽고 보고, 가볍게 생각한 일에 감동과 상처가 있는 것이지요.

부모-자녀 간, 부부간에도 마찬가지겠지요. 서로가 마음이 상하고, 상처가 되는 것은 아주 사소하고 가벼운 것들입니다. 가벼운 것, 사소한 것, 아무것도 아닌 것에 마음이 상했다고 사소하다고, 한심하다고 질책하기 전에 한 번쯤 그런 것에 상처받을 수 있음을 인정해 주면 좋겠습니다.

"저기 마누라님! 그리고 아들들아! 아빠도 맛있는 거 먹고 싶단다. 아빠도 맛있는 거 알고, 아빠도 맛있는 거 좋아해. 아빠도 먹을 것에 삐칠 수 있단다."

저 오늘 하마터면 가출할 뻔했습니다.

댓 글

- 마음이 찡하네요. 저도 남편보다 애들에게 맛있는 거 많이 주고 챙겨줬었거든요. 근데 이젠 사춘기가 되니 안 그러고 싶더라구요. 애들은 자기네들 먹고 싶은 거 사먹고 다니고 남편은 힘들게 일하고 들어왔는데 남은 반찬 주기가 언제부터인가 미안해지더라구요. 나 아프면 챙겨줄 사람은 남편뿐인데. 이젠 남편 먼저 챙기려구요.
- 저는 사소한 것에 서운한 감정이 오래 가더라구요… 사소하기에 뭔가 더 서럽고… 너무 사소하기에 더 속상한.. 오늘도 작은 사소한 한마디에 울컥해져서 울고 있는 저를 봅니다.
- 빵 터져서 웃었습니다. 원래 먹는 음식 끝에 맘 상한다 하지요. 엄만 생선대가리 좋아하잖아요.
- 아무것도 아닌 일이 아니네요. 충분히 서운해 하셔도 되는 일이고 사모님과 아이들이 아빠에게 사과해야 할 일인 것 같은데요. ㅎㅎㅎ 아이들 뒷바라지하느라 자칫 소홀하기 쉬운 남편…. 평생 내 편은 남편밖에 없다는 생각으로 앞으로 잘 챙길게요^^
- 저희 집이랑 비슷하시네요. 반성합니다. 앞으론 신랑 국그릇, 앞에 놓인 반찬들 신경 써야겠어요^^
- 공감이 갑니다. 아마도 아빠들의 대변자로서 하신 말씀 같아요. 저부터 집에서 신경 써서 잘하도록 하겠습니다. 아마도 제 남편이 무척 감사를 드려야 할 것 같네요^^
- 교수님!! 재밌으면서도 행복해 보여요^^ 한마디로 웃.퍼~~ ㅋㅋㅋ 둘째가 귀엽네요!! 전 소고기 사줄 아들이 없네요!! 딸만 2명!! 나중에 사위한테 사달라고 해야겠어요^^

Tip ▶▶

가족들 간에 사소한 것에 기분이 나빠지듯이 사소한 것에 행복할 수도 있습니다. 서로가 사소한 것에 신경을 좀 더 기울여야겠습니다.

6. 메신저와 메시지

초등학교 6학년 학급회의 시간이었습니다. 담임 선생님께서 교실 환경미화를 해야 하는데 좋은 생각이 있는 사람들은 손을 들고 이야기를 해 보라고 했습니다. 당시 담임 선생님께서는 군대를 갓 제대하고 초임으로 발령을 받았고, 그 첫 제자들이 저희들이었습니다. 그러다 보니 굉장히 의욕이 넘쳤고 당시 선생님들과는 다르게 우리에게 의견을 많이 묻고 되도록 우리가 낸 의견을 존중해주려고 했던 것 같습니다.

이날도 교실 환경미화에 대한 의견을 물으면서 학급 회의를 제안했고, 반장이 나와서 회의를 진행했습니다. 처음에는 이런 방식이 익숙하지 않아 머뭇거리고 있는데 선생님께서 어떤 의견이라도 좋으니 자유롭고 편안하게 이야기를 하라고 하자 조금씩 의견들이 나오기 시작했습니다.

"학급 신문을 만들어 게시판에 붙였으면 좋겠습니다."

"게시판에 우리가 쓴 편지들을 붙였으면 좋겠습니다."

"우리의 장래 희망을 게시판에 걸었으면 좋겠습니다."

"각자가 부모님이나 선생님께 하고 싶은 이야기들을 적어서 붙이면 좋겠습니다."

"소원 나무를 만들어 거기에다가 우리의 소원을 달아놓으면 좋을 것 같습니다."

"20년 뒤의 우리의 모습을 적은 후에 항아리에 담아 보관했으면 좋겠습니다. 그리고 정확히 20년 후 다 같이 모여서 확인하며 좋을 것 같습니다."

이렇게 환경미화에 대한 개인의 의견들을 말하기 시작했습니다. 선생님께서는 친구들이 의견을 낼 때마다 우리로 하여금 박수를 치도록 하셨고, 우리는 내용과 상관없이 발표를 한 친구들을 향해 박수를 쳤습니다. 그렇게 의견들이 나오기 시작할 때 갑자기 한 친구가 손을 들었습니다. 그런데 그 친구가 손을 들자 다른 친구들이 웃기 시작하면서 웅성거리기 시작했습니다.

왜냐하면 그 친구는 우리 반에서 항상 꼴찌 하는 친구였고, 문제아로 낙인이 찍힌 친구였기 때문입니다. 그런 친구가 손을 들고 자신의 의견을 이야기한다고 하니 다른 친구들이 비아냥거리기 시작한 겁니다. 회의를 진행하는 반장도 어떻게 해야 하나 하고는 선생님의 눈치를 보기 시작했습니다. 그런데 그 친구는 아랑곳하지 않고 일어서서는 이야기를 하기 시작했습니다.

"지금 우리 교실이 태양열 교실이잖아요. 그러니까 창틀에 각종 식물을 키웠으면 좋겠습니다. 물은 주번이 돌아가면서 주면 될 것 같습니다. 그리고 창문에 철사로 줄을 치면 오이나 호박 같은 것도 자랄 수 있을 것 같습니다."

순간 교실이 난리가 났습니다. 친구들이 웃으면서 조롱하기 시작합니다. 사실은 참 좋은 의견 같았는데, 꼴찌하고 말썽만 피우는 친구가 저런 이야기를 하니 이상하다고 생각한 것이겠지요. 친구들이 웃고 조롱하자 이야기를 한 친구는 머리를 긁적이며 자리에 앉고 말았습니다. 그러자 선생님께서 우리를 향해 낮은 목소리로 이야기하셨습니다.

"너희들은 지금 ○○이가 아주 좋은 의견을 냈는데 왜 웃고 그러지? 의견을 낸 사람에 따라 그 의견의 가치가 달라지는 게 아니야. 나는 지금 의견을 내라고 한 것이지, 의견을 낸 사람이 누가 되어야 한다고 이야기를 한 게 아니야."

순간 교실은 조용해졌습니다. 그리고 이런저런 의논 끝에 비웃음을 샀던 친구가 낸 의견이 채택되었습니다. 그날부터 창틈과 창문에 식물을 키우기 위해 철사를 치고, 우유 박스에 흙을 담고 씨앗을 뿌렸습니다.

당시 제가 다니던 초등학교는 전국에서도 몇 개 되지 않는 태양열 교실로서 겨울에도 난로가 필요 없는 교실이었습니다. 그만큼 빛이 잘 들게 창문과 교실을 만들었습니다. 5월이 되니 식물들이 점점 자라기 시작했고, 여름방학을 할 때쯤 교실은 각종 식물로 덮이기 시작했습니다. 자라나는 식물들을 보면서 모두 '우와' 하고 탄성을 질렀고, 다른 반 친구들도 구경을 오고 난리가 났습니다.

우리는 메시지보다는 메신저에 더 관심을 가질 때가 있습니다. 즉 내용보다는 그 내용을 전달하는 사람에게 더 큰 가치를 둔다는 것입니다. 물론 그래야 할 때도 있지만 그럼에도 우리가 더 관심을 가지고 가치를 둬야 하는 것은 그 말을 전하는 사람이 아닌 그 사람이 전하는 말의 내용이어야 합니다.

부모는 자녀가 말하는 내용을 어리다는 이유로 무시하거나 넘길 때가 많이 있습니다. 혹은 공부를 못하고, 사고를 쳤다고 해서 그 자녀가 전달하는 내용의 가치를 떨어뜨리는 실수를 범하기도 합니다.

가끔은 어린 자녀의 의견을 어리다는 이유로 무시하지 마시고 잘 들어야 할 필요가 있습니다. 사고를 친자녀의 의견이라도 내용을 귀담아 들을 필요가 있는 것입니다. 메신저가 누구든 상관없이 우리가 귀 기울여야 할 것은 메시지입니다. 특히 우리 자녀들의 의견은 더더욱 그렇게 되어야 합니다.

댓 글

- 우리는 메시지보다 메신저에 더 관심을 가질 때가 훨씬 더 많죠~~ 반성하고 노력하렵니다^^
- 비록 꼴찌라도 의견을 말한 아이의 자존심을 살려주신 샘~ 존경스럽습니다^^
- 전하는 메시지에^^ ~무조건적인 존중과 열린 마음으로 귀를 기울이도록 더 노력해야겠어요^^
- 정말 좋은 말씀입니다. 교사의 가치기준에 따라 반 분위기가 꼴찌도 첫째 되고 모두가 행복해질 수 있다는 큰 경험입니다. 따뜻한 글 감사드려요.
- 우리의 편견으로 살아갈 때가 너무 많음을 봅니다. 귀한 메시지 감사드립니다.
- 저도 의견을 낸 사람에 주목하고 있었네요. 오늘 종일 허탈감이 들었는데 내가 놓치고 있는 것은 무엇인지 다시 생각해보는 계기가 됐네요.
- 너무 감동입니다~~ 저도 편견 속에서 실수하지 않았는지 돌아보게 되네요.

Tip ▶▶ 말을 하는 사람이 누구든지 내용을 볼 필요가 있습니다. 나이가 어리든, 그 사람의 과거가 상관없이 지금 전하는 메시지를 존중할 필요가 있을 것 같습니다.

7. 내가 화내지 않도록

엄마: 자! 오늘은 우리 가족이 여행을 왔으니까 엄마가 너희들에게 화를 안 내려고 해!

자녀: 진짜요? 진짜 우리한테 화 안 내실 거예요?

엄마: 그렇다니까. 이번 여행 기간 동안이라도 우리 가족 모두 웃으면서 여행할 수 있게 엄마가 화를 안 낼게.

자녀: 우와~~ 만세~~~

엄마: 그러니까 엄마가 화를 내지 않도록 너희들이 도와줘야 된다.

자녀: 도와줘요? 우리가?

엄마: 그렇지. 엄마가 화를 안 내게 너희들이 잘해야지.

자녀: 네….

엄마: 서로 싸우지 말고, 엄마 말 잘 듣고, 스마트폰 좀 그만하고, 큰 소리로 떠들지 말고, 엄마 아빠가 시키는 것 잘하고. 알겠지?

자녀: 네.

엄마: 그래! 너희들이 이렇게 엄마를 도와주면 화낼 일이 없겠지. 우리 이번 여행 재미있게 보내보자. 알겠지?

그러나 얼마 후 자녀는 식당에서 그만 접시를 깨뜨리고 맙니다. 와장창 깨진 접시를 보고 있던 엄마가 갑자기 자녀를 향해 일갈합니다.

엄마: 엄마가 화를 안 내고 싶은데! 진짜 화를 안 내고 싶은데 왜 엄마를 안 도와줘? 분명히 조심하라고 했지. 덤벙대지 말라고 했지.

자녀: 그게 아니라….

엄마: 아니긴 뭐가 아니야!! 왜 엄마를 화나게 해.

자녀: 그게 아니라 접시가 미끄러워서….

엄마: 엄마가 화를 안 낸다고 했잖아. 좋은 마음으로 여행하자고 했잖아! 근데 왜 엄마를 안 도와주느냐고.

자녀: 일부러 그런 게 아니고….

엄마: 진짜 엄마가 화를 안 내고 싶은데! 안 내려고 하는데!! 왜 이렇게 나와서도 행동이 안 바뀌는데! 너 때문에 지금 여행이 즐겁지가 않잖아!

여행을 하다 보면 흔히 보이는 풍경입니다. 가족 여행을 계획하면 부모는 늘 다짐을 합니다. 자녀에게 화를 내지 않고 기분 좋게 여행을 하고 오자고 말입니다. 그리고 아이들에게도 부모가 화를 내지 않도록 도와달라고, 부모님 말 잘 들어달라고 부탁 반 협박 반 합니다.

부모입장에서는 여행이 즐겁기 위해서는 자녀들이 평소와는 달리 부모님 말을 잘 들어주고, 늘 조심하고, 스스로가 부모님 눈에 벗어나는 행동을 하지 않기를 기대합니다. 즉, 좋은 여행이 되기 위해서는 부모가 화를 안 내야 하는데 부모가 화를 내지 않기 위해서는 자녀의 행동이 매우 중요한 변수가 되는 것입니다.

그러나 이렇게 생각하고 여행하다 보면 십중팔구 부모는 화를 내게 되어 있습니다. 왜냐하면 자녀들이 여행을 왔다고 해서 행동이 조신해지고, 부모님의 말을 잘 듣는 것은 아니기 때문입니다. 오히려 집에서 하던 것보다 더 자유로워집니다. 그러니 단순히 여행을 왔다고 해서 자녀들의 행동이 나아질 것이라는 기대는 빠른 시간 안에 깨지게 마련입니다. 그래서 부모가 화를 내고 안내고 하는 기준을 단순히 자녀의 행동에 맞춘다면 부모는 화를 낼 확률이 거의 100%라고 보면 됩니다.

만약 여행을 가서 부모가 화를 내고 싶지 않다면 부모는 관점을 바꿀 필요가 있습니다. 자녀가 부모의 말을 잘 들어주고, 자녀가 부모 보기에 좋은 행동을 하는 것을 바랄 것이 아니라 부모가 자녀의 행동을 바라보는 눈을 달리해야 합니다. 즉, 부모가 자녀를 바라보는 눈이 좀 더 관대해지고, 너그러워져야 한다는 것입니다. 부모가 이해의 폭을 좀 더 넓혀 집에서 잔소리하던 행동을 밖에 나와서는 허용해 줄 수 있어야 한다는 것입니다.

화를 내지 않겠다고 다짐하는 것은 부모입니다. 그러니 화를 내지 않도록 통제해야 할 것은 자녀의 행동이 아니라 부모 자신이 되어야 합니다. 그렇지 않고서는 즐겁게 나선 여행이 지옥 같은 시간이 되어서 돌아오게 됩니다.

여행을 많이 하는 계절입니다. 행복하고 즐거운 여행이 될 수 있도록 부모님들 이해의 폭을 조금 더 넓혀 보시면 어떨까요?

댓 글

- 나의 작은 변화가 가족을 바꾼다!!! 이런 말이 생각나네요^^
- 나도 못하는 걸 애들한테 기대하고 있었네요. 내 자신부터 관점을 바꾸도록 노력!
- 또 한편으로 생각해 볼 수 있는 일…. 남편에게 인정이나 위로, 존중받지 못하거나 지내온 세월 속에 그 아픔이 있거나, 해서 자신도 모르게 그 화를 품고 아이들조차 자신의 말을 듣지 않으니 여리고 약한 아이들에게 분출되는… 물론 교수님 글 내용과는 상관없는 제 인생길의 젊은 시절에 짧게나마 경험했던 내용입니다^^
- 지난주 여행에서 있었던 저희 집 상황 같네요. 반성합니다…
- 형과 동생 사이에 끼어 엄마 잔소리 지분 80을 차지하고 있는 둘째에 대한 저의 관점을 바꾸기 위해 노력하겠다고 다짐해봅니다!!
- 공감합니다~ 저 또한 아이들 행동이 바뀌길 바랐죠. 상황은 매번 달라지지 않고… 엄마의 수용범위를 넓히는 것이 문제해결방법이 아닐까 생각합니다.
- 관점을 바꿀 필요가 있다고 하신 말 공감합니다.

Tip ▶▶

부모가 자녀의 행동을 보고 화를 낸다는 것은 자녀의 행동 때문이 아닙니다. 그 행동을 바라보면서 이해하지 못하는 부모 때문입니다.

8. 아들의 잔소리

한가한 토요일 오후

오랜만에 온 가족이 거실에 모여 앉았습니다. 이런저런 이야기를 나누기도 하고, 간간이 TV도 보다가 그렇게 시간을 보내고 있었습니다.

그러다가 막내가 갑자기 일어나더니 입이 심심하다면서 냉장고를 뒤지기 시작합니다. 냉장고 이곳저곳을 살피고, 무언가를 꺼내기도 하고 분주합니다. 분주하게 냉장고를 뒤지던 막내가 갑자기 거실에 앉아 있는 저와 아내에게 일갈을 날립니다.

아들: 아니 왜 냉장고에 내가 먹을 것이 하나도 없냐고요? 이럴 거면 냉장고를 왜 샀냐고요. 안 그래도 더운데 먹을 것도 없고.
아빠: 잘 찾아봐. 거기 뭔가 있을 거야.
아들: 없다고요. 먹을 게 하나도 없다고요.
아빠: 그래? 이상하다. 거기 있을 텐데.
아들: 거기에 뭐가 있는데요. 하나도 없는데….

다시 냉장고를 뒤지더니 이어서 냉동고를 뒤집니다. 그러고는 무언가를 냉동고 밖으로 끄집어내기 시작합니다. 먹을 만한 것을 발견한 거 같습니다. 그리고는 주섬주섬 챙겨서 거실로 가져옵니다. 그리고는 우리 앞에 놓으면 말을 합니다.

아들: 아니 오징어는 왜 사다 놓았냐고. 이렇게 먹지도 않을 거면서.
엄마: 앞으로 먹으려고 샀지.
아들: 그러면 먹을 때 사면되잖아. 먹지도 않을 거면서 왜 냉장고에 넣어 놓냐고.

맞는 말이긴 합니다. 사실 아내와 저는 마트를 가면 무언가를 해 먹기 위해서 재료들을 사긴 하는데 그것을 요리로 옮기기까지는 엄청난 시간이 소요됩니다. 아마 저 오징어도 못해도 6개월은 넘었을 것 같습니다. 그런데 그렇다고 해도 고작 8살짜리가 엄마 아빠에게 '왜 샀냐고' 할 소리는 아닌 것 같아서 한소리를 하려다가 참습니다. 틀린 말이 아니기 때문입니다. 그래서 그냥 보고 있기로 합니다.

한참을 잔소리하던 막내가 씩씩거리며 다시 냉동고로 가더니 이제는 쥐포를 꺼내옵니다. 그 쥐포는 제가 먹으려고 사놓은 것인데 아마 1년 정도 지난 것 같습니다. 처음 몇 마리는 열심히 구워 먹었는데 시간이 지나 귀찮기도 하고 먹을 시간도 없다 보니 넣어둔 지 좀 오래된 것입니다. 그 쥐포를 들고 막내가 터벅터벅 걸어옵니다. 그리고는 쥐포를 앞에 놓더니 또 뭐라고 합니다.

아들: 이건 누가 사놓은 건데.

그러자 아내가 슬며시 막내를 눈치를 살피더니 그럽니다.

엄마: 그건 아빠가 사다 놓은 건데.
아들: 아니 아빠는 먹지도 않을 거면서 이걸 왜 사다 놓는데?
아빠: (어이없어하면서) 먹을 거다.
아들: 언제 먹을 건데?
아빠: 조만간 먹을 거다.
아들: 그니까 조만간 언제 먹을 거냐고?

손을 허리에 딱 얹고는 마치 학생들 뭐라 하듯이 서서 저에게 말을 합니다. 생각 같아서는 한 대 쥐어박으면 좋겠는데 틀린 말이 하나도 없어 막내의 잔소리를 그냥 듣고 있습니다.

"아빠는 이제 먹지 않을 거면 사오지 마세요. 냉장고가 힘들잖아요. 엄마도 알겠지요?"

우리 둘은 그냥 고개를 끄덕거렸습니다. 거참 8살짜리 꼬마의 잔소리를 들으니 어이가 없습니다. 그걸 둘째 녀석이 '씩' 웃으며 쳐다보고 있습니다. 마치 '잘하고 있어.'라는 표정으로 말이지요.

사실 막내가 하는 잔소리는 우리가 무언가를 잘못한 것보다는 결국은 자기 먹을 만한 것이 냉장고에 없어서 화가 나서 저러고 있는 겁니다. 다시 말해 누군가가 잘못한 것이 문제가 아니라 자기 맘에 들지 않는 것이 문제이지요.

만약에 냉장고를 열었을 때 자기가 좋아하고 먹을 만한 것이 있었다면 막내는 잔소리하지 않았을 겁니다. 할 이유가 없지요. 그런데 본인이 원하는 것이 없고, 마음에 들지 않는 것들이 냉장고를 가득 채우고 있으니 화가 나고 짜증이 난 것입니다.

그리고 막내의 잔소리를 듣다 보면 억울한 면도 있습니다. 아내와 제가 사다 놓은 음식은 나름 그럴 만한 이유가 있는 것들이었습니다. 그냥 생각 없이 사다 놓은 것들이 아니라는 것입니다. 그런데 막내는 그런 이유 따위는 묻지도 따지지도 않습니다.

막내에게 폭풍 잔소리를 듣고 있으니 문득 평소 부모의 잔소리를 듣고 있을 아들들의 마음이 조금은 이해가 갑니다. 아이들도 무언가 필요해서, 혹은 생각이 있어서 한 일인데 그게 부모의 마음에 들지 않는다고 잔소리를 앞세운 것은 아닌가 하는 생각이 들었습니다.

아이들의 행동이 문제가 아니라 단순히 부모가 원하는 것이 아니라서, 부모가 바라는 것이 아니어서 잔소리를 앞세운 것은 아닐까요?

그나저나 잔소리는 듣고 있으니 괴롭긴 하네요.

댓글

- 덕분에 한참 웃었습니다. 막내가 어쩌나 귀여운지요. ㅎㅎ 그 상황이 떠올라 신나게 글을 읽어 내려왔습니다. 웃음 속에서도 배우는 게 많습니다. 고맙습니다.
- 우리네 삶을 그대로 반영했네요^^

- 귀여운 막내 잔소리 덕분에 저도 오징어나 굽겠습니다. 귀요미 왕자님 팬이니까요.
- 잔소리는 누구에게나 괴로움이네요.
- 얼마 전 저도 중1 아들한테 폭풍 잔소리 듣고 나니 기분이 묘하던데... 제가 하는 잔소리 듣는 줄 착각했을 정도였답니다. 막내 아드님 넘 귀엽고 귀엽네요~.
- 가끔은 애들의 잔소리도 필요하다는 생각이 드네요^^ 많은 걸 생각하게 됩니다.
- 애들의 잔소리는 좋은 소리로 들어야 될 듯! 저도 둘째, 넷째에게 수시로 듣습니다. 딸들이라 가능한 일! 엄마로서의 부엌책임이 소홀한 편인지라~~^^";;
- 너무 웃기고 익숙한 풍경이 그려집니다. 요즘 아이들 말로 핵 공감입니다~^^

Tip ▶▶ 잔소리는 누구에게나 괴롭습니다.

9. 지금 그 모습 그대를 사랑합니다

요즘 들어 일들이 하나씩 늘어나고 있습니다. 준비하는 것도 많고, 학교 일도 밀리고 하다 보니 귀가시간이 많이 늦습니다. 아침에는 아이들의 등교 시간과 저의 출근 시간이 거의 비슷해서 얼굴을 보는데 집에 들어오면 아이들은 이미 자고 있습니다.

오늘도 늦게 야간 수업을 마치고 야간부 학생들과 오랜만에 모임을 가지고 새벽 늦게 집으로 귀가했습니다. 집에 들어가 간단히 씻고 안방으로 들어갔습니다. 안방에는 아내와 둘째 그리고 막내가 나란히 잠을 자고 있습니다(초등학교 6학년인 둘째와 8살인 막내는 자기 방을 놔두고 언제나 잠은 엄마 옆에서 저렇게 잡니다).

문득 곤히 자고 있는 두 아들의 얼굴을 보면서 미소가 지어졌습니다. 벌써 이렇게 자랐나 하는 마음도 있고, 그동안 이 녀석들이 해왔던 행동 하나하나를 떠올리면서 입가에 작은 미소가 지어지더군요.

처음 걷던 날, 처음으로 '아빠' 하고 저를 불렀던 날, 처음으로 유치원 가던 날, 초등학교 가던 날, 유치원에서 학교에서 배웠던 것들을 자랑하던 날들이 주마등처럼 지나갑니다. 참 예쁘고 사랑스러운 녀석들입니다. 물론 제가 살아가는 이유가 전적으로 이 녀석들 때문인 것은 아니지만 그래도 하나의 이유는 되는 것 같습니다.

아이들이 어릴 때에는 그저 웃고 몇 발자국 걷는 모습에도 부모의 입가에는 미소가 가득합니다. 마냥 예쁘고 대견스럽습니다. 혹여나 그 작은 입에서 엄마나 아빠의 단어가 나오면 세상을 다 가진 듯 사랑스럽고 흐뭇합니다. 한 문장을 어렵게 이야기하는 자녀를 보면 자녀가 천재라고 생각하고 팔불출 마냥 이곳저곳에 자랑하기 시작합니다.

그렇습니다. 처음 우리 곁에 온 아이는 그런 존재였습니다. 웃는 모습만 봐도 사랑스럽고, 누워 자는 모습만 봐도 예쁘고, 무언가를 먹으면서 흘려도 괜찮았고, 물건을 망쳐도 아깝지 않았습니다. 망쳐진 물건보다는 아이가 먼저 걱정되었습니다.

우리 자녀는 부모에게 그런 존재였습니다. 집에 들어갈 때 집에 존재하고 있는 것만으로 든든하고, 좋았습니다. 때로는 새벽에 울어서 힘들고, 피곤한데 놀아달라고 칭얼대는 것 때문에 짜증이 날 때도 있었지만 '이 아이가 없었다면, 우리에게 태어나지 않았다면 얼마나 우리의 삶이 삭막하고, 재미가 없었을까?' 하는 생각에 기꺼이 그런 것은 넘길 수 있었습니다. 자녀는 부모 시선의 주인공이었고, 무언가를 하지 않아도 사랑스럽고, 곁에만 있어도 편안하고 좋은 그런 존재가 우리의 자녀였습니다.

하지만 아이가 점점 자라면서 부모의 머리에는 복잡한 생각이 떠오르기 시작합니다. 이 아이가 세상에서 제대로 자라기 위해서 필요한 것이 많이 있는데, 남들보다 경쟁에서 뒤지지 않기 위해 부모로서 해줄 것이 무엇인지, 우리 아이가 세상에서 남부럽지 않게 자리 잡고 살기 위해 필요한 것은 무엇인지와 같은 복잡한 생각이 들기 시작합니다. 이러한 생각이 들수록 우리는 아이를 제대로 보는 눈을 서서히 잃어 갑니다. 그러면서 우리는 아이보다는 아이에게 필요한 무언가로 눈이 점점 돌아가게 됩니다.

이렇게 되면 아이는 점점 중요하지 않습니다. 아이는 처음에는 부모 시선의 주인공이지만 이제는 부모의 시선이 놓여 있는 곳으로 아이가 달려가야만 부모의 사랑을 받을 수 있고, 부모가 원하는 것을 해내야만 마음이 편해집니다. 그런데 문제는 이런 부모의 마음을 뭐라 할 수 없습니다. 부모로서 어쩌면 당연한 것이겠지요. 부모 입장에서 자식이 제자리를 잡고, 이 사회에서 당당한 구성원으로 살아가기를 바라는 마음을 뭐라 할 수 없습니다.

그러나 부모로서 자식을 향한 당연한 마음을 한 번쯤 내려놓고 어릴 때 우리 시선의 주인공이었던 아이에게로 시선을 돌려보는 시간을 가질 필요가 있습니다. 우리 자녀의 존재 그 자체로서 바라보는 시선으로 말입니다. 아이가 아닌 아이가 해낸 공부로 향했던 시선을, 아이가 아닌 아이에게 필요한 것으로 향했던 시선을 이제는 아이 그 자체로 시선을 돌릴 필요가 있습니다.

곤히 잠든 두 아들을 보면서 요즘 이 녀석들의 존재 그 자체에 대해서 입가에 미소를 짓고, 기쁘고, 사랑스러웠던 날이 언제였었나 하는 생각을 해 봅니다. 아들들은 언제나처럼 그 자리에서 부모를 바라보는데 그 아들들을 바라보는 저의 시선이 아들이 아닌 아들의 주변으로 가 있었나 봅니다. 오늘처럼 자는 모습만 봐도 예쁘고, 사랑스러웠던 날이 참 오래되었던 것 같습니다.

시선을 좀 돌려야 할 것 같습니다. 아이의 주변으로 가 있던 시선을 아이에게로 다시 돌려야 할 것 같습니다.

댓 글

- 아이는 존재 자체로 아름답지요. 혼내고 잔소리를 해도 저에게 엄마라고 불러주는 딸아이가 얼마나 감사하고 사랑스러운지 모르겠어요.
- 아이들이 자라서 스무 살이 넘었는데도 어찌 그리 이쁜지요. 아이들 덕분에 참 행복합니다~~^^
- 아이들의 마음속에 사랑이라는 씨앗을 심고 정성스럽게 가꾸는 모습이 아름답습니다!
- 교수님 말씀대로 잘하려는 걱정과 염려가 진정 해야 할 것을 잊고 있게 만드나 봅니다. 저도 이 시간 다시 자신을 돌아봐야겠습니다. 제 아이를 무엇으로 실망시켰는지. 무엇으로 인해 아프게 했는지를….
- 교수님 글을 보며 많은 생각이 드네요~^^ 아이 그 자체에게 온전히 나의 시선과 생각이 가길~^^
- 대학생 딸, 고딩 아들 보면서 "언제 저렇게 컸나?" 하는 생각이 드네요. 언젠가 내 곁을 떠난다 하니 슬프기도 하고...
- 아이의 주변으로 가 있던 시선을 까맣게 잊고 지냈었네요. 교수님 글 읽으며 반성하는 시간과 앞으로의 자세에 대해 고민해보았어요. 감사합니다~~^^
- 부모가 이끄는 대로 골고루 다 갖춘 자식으로 자라주면 좋겠지만 나 자신조차도 아직도 미완성이고 성숙해가는 과정이기에 아이 키우면서 배워가고 있다고 여겼는데, 아이에게 바라는 항목들이 늘어나는지…

Tip ▶▶ 자녀의 어릴 때 모습과 현재의 모습은 비교할 대상이 아닙니다. 지금 현재 그대로의 자녀를 사랑할 수 있어야 합니다.

10. 누구나 안 됩니다

가끔 밴드에 올라오는 글들을 보면서 '너무 공감이 됩니다.', '꼭 제 이야기 같습니다.' 등과 같은 이야기를 하시는 분들이 많이 계십니다. 그렇게 공감하시고 격려해 주시면서 이런 말씀을 하십니다.

"교수님, 교수님은 정말 대단하신 것 같아요."

"네? 그게 무슨?."

"교수님께서 쓰신 글들을 보면 참 많은 것을 배워요."

"아 네. 감사합니다."

"배우면서 교수님이 참 부러워요, 그리고 사모님이나 아이들도 참 부러워요."

'부러우시다고요?'

'네! 교수님께서는 부모교육 전문가니까 사모님이나 아이들에게 진짜 잘하실 것 같아요. 그리고 사모님이나 아이들의 심리를 진짜 잘 파악하니까 갈등도 없고 다툴 일도 없을 것 같아요."

이런 말들을 들을 때면 상당히 부끄럽고 민망해지면서 한편으로는 두려워집니다. 그런데 그거 아십니까? 여러분이 저의 글에 공감하고, 고개가 끄덕여지고, 꼭 우리 가정 이야기같이 친근한 것은 제가 그것을 겪으면서 달인의 경지에 이르렀기 때문이 아닙니다. 제가 자녀와 갈등을 겪으면서 전문가가 되어 더 이상 우리 가정에 갈등이나 다툼이 없어졌기 때문이 아닙니다.

어쩌면 저 또한 여러분과 똑같이 자녀의 행동이 고민되고, 자녀와의 관계가 문제이고, 사춘기 아들과의 갈등 해결이 안 됩니다. 전문가이기 때문에 가정에 아무런 문제가 없는 것이 아니라 여전히 많은 문제와 갈등을 안고 살아가고 있습니다.

제가 올리는 글들은 제가 해결했거나, 저는 잘 실천하고 있는 것이기 때문에, 그래서 '이렇게 하시면 문제가 해결됩니다.' 하고 올리는 것이 아닙니다.

저 또한 많은 분들이 고민하는 자녀와의 관계가 숙제이고, 해결해야 할 문제이기 때문에 같이 고민하자고 올리는 것입니다. 그렇기에 어쩌면 공감이 더 잘 될 수 있지 않나 생각합니다. 그러니 저의 글을 읽으면서 공감이 가고, 격하게 와 닿는다면 그것은 저 또한 저의 고민이고 숙제이기 때문이라고 생각하면 됩니다.

그렇습니다. 저라고 뭐가 다르겠습니까?

부모교육을 하고, 글을 쓰고, 가르치고 있지만 여전히 저도 안 됩니다. 많은 분들이 고민하는 문제가 저에게도 문제입니다. 저도 노력해야 할 문제들이고, 머리를 싸매고, 가슴 아파하고, 화를 내고, 속상해하고 서운해하면서 하루하루를 보내야 하는 사람입니다.

그러니 우리가 좋은 부모가 되고, 행복한 부모가 되는 것을 포기하지 말았으면 합니다. 자녀와의 행복한 관계 맺기를 그만두지 않았으면 좋겠습니다. 좌절하지 않아도 됩니다. 남과 비교해서 나를 너무 몰아붙이지 않아도 되고, 부러워할 필요도 없습니다.

우리는 지금 참 잘하고 있고, 이만하면 참 잘해 온 겁니다. 부족한 것은 지금부터 조금씩 바꿔가면 됩니다. 그래도 늦은 게 아닙니다. 그러니 전문가라고 하는 사람들 부러워하시지 마십시오.

누구나 안 됩니다. 저도 안 되기는 마찬가지입니다.

그러니까 노력해야지요. 저도 노력 중이랍니다^^

댓 글

- 늘 교수님의 글을 읽으며 나는 어떤 부모인가 다시 한 번 생각해 봅니다. 좋은 말씀 주심에 항상 감사한 마음뿐이에요.
- 오늘의 글은 으샤으샤 기운 나는 글이네요. 교수님도 같은 고민을 하고 계시다고 해서 그런 것인지…. 아님 지금도 충분히 잘하고 있다고 조금씩 고쳐 나가면 된다는 말에 힘이 나는 건진 모르겠지만요^^
- 세상에서 가장 힘든 내담자가 바로 가족인 듯합니다~~ 가족에게 통하고 인정받으면 못할 것이 없을 듯~ 저도 제 자식들이 세상에서 제일 어렵고 힘듭니다~
- 같은 고민을 하는 누군가가 있다는 것만으로도 큰 위로가 되는 밤입니다~
- 부모는 다 힘든 시기가 있구나 하며, 스스로 위로하면서~~ 궁금해요. 교수님 자녀의 창의력이~~
- 우리는 지금 참 잘하고 있고 이만하면 참 잘해 온 것이라는 말씀~ 결코 늦은 것은 아니며 부족한 것은 지금부터 조금씩 바꾸면 된다는 말씀에 위로가 됩니다~ 감사합니다~^^
- 교수님 말씀처럼 우리 전문가분들도 여전히 자녀문제, 부부문제, 가정문제 등이 있지만 그 문제를 풀어 가고자 하는 방법과 의지가 중요합니다.^^

Tip ▶▶

누구나 안 됩니다. 그러나 포기할 수 없습니다. 안 되기 때문에 노력해야 하고, 노력해야 하기 때문에 더더욱 포기할 수 없는 것입니다.

11. 영원한 문제아는 없습니다

교단에 선 지 얼마 지나지 않았을 때였습니다. 학과장 교수님께서 학과장실로 저를 부르시더니 심각하게 이런 말씀을 하셨습니다.

"교수님 수연(가명)이란 애가 있는데요. 그 애가 문제가 많네요. 수

업시간에 집중도 안 하고, 결석도 많고, 그리고 혼자 결석하는 게 아니라 꼭 누구를 꼬드겨서 같이 결석을 해요. 술도 많이 마시는 것 같고… 여하튼 조심하세요. 경계대상 1호입니다."

"그래요?"

"네. 아주 지능적으로 교수들을 괴롭혀요. 수업도 잘 안 들어오고 안 듣는데 성적은 또 그럭저럭 나와요. 얼마나 얄미운지 모르겠어요."

'"음… 머리는 좋은가 보군요."

"머리가 좋으면 뭐해요. 그 좋은 머리 안 좋은 쪽으로 다 쓰고 있는 걸요. 완전 문제아입니다. 문제아!"

학과장 교수님의 이야기를 들었지만 그래도 내가 직접 겪은 일이 아니기에 머릿속에서 지우려고 했지만 수연이란 이름이 머리에서 맴돌았습니다. 수업을 들어가 출석을 불렀습니다. 익숙한 이름이 보였습니다.

손을 들고는 생긋생긋 웃는 얼굴이 전혀 문제아처럼 보이지 않았습니다. 활발하고 웃는 얼굴이 참 보기 좋은 학생이었습니다. 그럼에도 내 머릿속에는 나도 모르게 이런 말이 들려 왔습니다.

"교수님 조심하세요. 문제아입니다."

그렇게 첫 시간을 마치고 둘째 시간부터 수연이에 대한 본격적인 저의 탐색이 시작되었습니다. 왠지 내 머릿속에는 '수연이는 문제아다.'라는 알 수 없는 공식이 들어 있었고, 그럴수록 그 아이의 행동 하나하나가 서늘리면서 꼭 문제아 같이 보였습니다. 수연이가 하는 질문이나 대답은 저를 괴롭히기 위한 것 같아 보였습니다.

중간고사 기간.

시험지를 채점하는데 수연이 시험지가 눈에 들어왔습니다. 천천히 채점을 했습니다. 당연히 많이 틀렸을 거라고 생각했는데, 성적이 너무 좋게 나왔습니다. '역시나 머리는 좋구나.' 하고 넘기려고 하는 순간 마지막 문제 다음에 있는 글귀가 눈에 들어왔습니다.

> P S: 교수님 1학년 때 너무 농땡이를 피워서 2학년 때에는 정말 열심히 하려고 했는데 생각만큼 잘 안 되네요. 1학년 때 결석도 많이 하고, 지각도 많이 하고 그래서 2학년 때에는 정신을 차리고 변해 보려고 노력 중이랍니다. 그런데 생각만큼 잘 안 되네요. 헤헤. 그래도 저 열심히 하려고 하니까. 예쁘게 봐 주세요.

글을 보면서 뭔가에 머리를 한 대 맞은 것처럼 띵했습니다. 그리고 천천히 수연이의 행동들을 머리에 떠올려 봤습니다. 사실 수연이는 참 열심히 하는 아이였습니다. 항상 앞자리에 앉아서 눈을 반짝이면서 수업에 집중했고, 질문도 잘하고, 대답도 잘하는 아이였습니다. 모르는 것이 있으면 수업 마치고 나가는 저를 붙잡고는 한참을 물어보곤 했습니다. 심지어는 제 연구실에 찾아오기도 했고요.

다른 교수님들에게는 문제아였는지 모르지만 최소한 저한테는 최선을 다하는 참 열심히 하는 그런 학생이었던 겁니다. 그런데 왜 난 수연이를 여전히 문제아로 생각했을까요? 교사로서 가장 경계를 했어야 할 '낙인 효과' 때문인 것 같았습니다. 제가 그 아이를 문제아로 낙인찍어 버린 것입니다.

교사가 되기 전 그렇게 경계하던 낙인이론의 실천가가 되어 있었던 것입니다. 어쩌면 수연이는 변하려고 노력했고, 실제로 변해가고 있었는데, 정작 변해가는 그 아이를 바라보는 교수들의 눈이 변하고 있지 않았던 것입니다. 교수들의 눈이 변하지 않으니 변하려고 노력하는데도 여전히 수연이를 문제아로 만들고 있었던 겁니다.

문득 학창 시절이 생각이 났습니다.

학년이 올라갈수록 담임선생님은 변하는데 이상하게도 한 번 문제로 찍힌 학생들은 학년이 바뀌어도 여전히 문제아로 취급을 당했습니다. 고등학교 1학년 때 문제아가 2학년, 3학년이 되어도 그랬습니다. 담임선생님들은 귀신같이 누가 문제아인지 알아차렸습니다. 어쩌면 선생님들끼리 서로 정보 교환을 한 탓이 아닐까 하는 생각이 들 정도로요.

어쩌면 나름대로 서서히 변해갔을지도 모를 그 수많은 우리의 문제아들은 한번 찍힌 문제아라는 낙인으로 인해 영원히 벗어나지 못했을지도 모릅니다. 수연이 처럼 말입니다. 자기소개서를 뒤져 수연이에게 문자 하나를 날렸습니다. 제가 마음속으로 존경하는 고바야시 소사쿠 교장이 토토에게 했던 것처럼(『창가의 토토』라는 책이 있는데 그 책 속의 주인공들입니다).

"넌 사실 착한 학생이란다."

어쩌면 문제아는 태어나는 것이 아니라 교사들이나 어른들에 의해서 만들어지는 존재들일 수 있습니다. 충분히 잘 자라고 있음에도 어른들의 일방적인 기준으로 만들어진 존재들이지요.

그렇게 만들어진 문제아들은 좀처럼 문제아라는 굴레에서 벗어나지 못합니다. 행동이 바뀌어도 그 행동을 바라보는 어른들의 기준이 변하지 않으니 늘 문제아로 남아 있는 것입니다. 그저 어른들의 기준만 조금 바뀌면 되는데도 말입니다.

사실 영원한 문제아는 없습니다. 변하지 않는 어른들의 기준과 시선이 있을 뿐입니다. 문제는 아이들의 행동이 바뀌어야 사라지는 것이 아니라 어른들의 기준이 바뀌면 사라지는 존재들입니다. 어른들이 변해가는 아이의 행동에 조금만 민감해지면 문제아는 자연스럽게 사라지게 될 겁니다.

우리 자녀들도 그렇습니다.

우리 자녀들은 사실은 변해가고 있고 착한 아이들인데 보는 나의 눈이 변하지 않고 이미 낙인을 찍어서 그런 것은 아닐는지요.

오늘은 우리 아이들에게 이렇게 말해보는 것은 어떨까요?

"사실 넌 참 착한 아이란다."

댓 글

- 어른들이 만들어놓은 틀에 맞지 않는다고 문제아로 만들어 버리는 건 큰 실수인 거 같아요. 아이들은 너무나 많은 종류의 달란트들을 가지고 있지요. 교사들은 공부만 해 본 경험 때문에 자기들의 경험에 맞지 않으면 낙인찍어버리지요. 시대가 변하는 만큼 아이들을 바라보는 시선 또한 폭이 넓혀져야겠죠 ^^
- 성찰이 묻어나는 글 참으로 감동이 느껴집니다.
- 훌륭하십니다. 수연이가 교수님 문자에 얼마나 가슴이 뭉클했을까요? 제일인 것처럼 너무 설렙니다. 제가 느끼는 이 행복을 수연이도 느꼈을 거예요. ㅎㅎ
- 선입관을 가지고 보는 그런 태도. 빨리 고쳐져야겠네요.
- 아들 둘을 둔 맘입니다~ 얼마까지도 낙인 찍힌 아들이었는데… 지금은 조금 답보 상태이지요~ 한 구절이 맘을 울리네요… '사실 넌 참 착한 아이란다'. 제 마음부터 변해야겠다는 생각이 드네요.

Tip ▶▶

변하지 않는 것은 자녀가 아닙니다. 자녀는 늘 변하고 있고, 변하려고 합니다. 다만 그런 자녀를 바라보는 부모의 눈이 변하지 않을 뿐입니다. 그래서 영원한 문제아는 없는 것입니다.

12. 뭐하면 될까요?

엄마: 너 또 컴퓨터하니?

아들: 시작한 지 얼마 안 되었는데요?

엄마: 시작한 지 얼마 안 되었다고? 시작한 지 1시간이나 넘었는데 얼마 안 되었다고?

아들: 조금만 하고 그만둘게요.

엄마: 30분 안에 끝내라.

아들: 알겠어요.

약 30분이 흐른 후.

엄마: 30분 지났다. 이제 그만 해라.

아들: 거의 다 끝났는데요.

엄마: 금방 끝난다고 한 지가 언젠데 아직도 금방이야.

아들: 진짜 금방 끝나요.

엄마: 컴퓨터를 없애버려야 그만둘래?

아들: 진짜 금방 끝나요.

엄마: 좋은 말로 할 때 끝내라.

아들: 알겠어요.

입을 삐죽거리며 아들이 컴퓨터를 끕니다. 그리고는 TV를 켭니다.

엄마: 컴퓨터 그만 하라니까 이젠 TV냐?

아들: 나 오늘 TV 처음 보는데요.

엄마: 하루라도 안 보면 안 되냐?

아들: 왜 엄마는 내가 하는 일마다 뭐라고 그래요?

엄마: 네가 하는 행동을 봐라. 엄마가 지금 뭐라 안 하게 생겼냐?
아들: 제가 뭘 어쨌길래요.
엄마: 지금 네가 멍청하게 TV나 보고 있을 나이냐고. 생각을 좀 해라.
아들: 휴우… 알겠어요.
엄마: 꼭 화를 내야 말을 듣지.

입을 삐죽거리며 아들이 TV를 끄고 이번에는 스마트폰을 엽니다.

엄마: 야!! 이제는 스마트폰이냐?
아들: 이것도 하지 말라고요?
엄마: 그거나 컴퓨터나 TV나 뭐가 다른데?
아들: 그럼 난 뭐해요?
엄마: 뭘 하면 되는지 한번 생각을 해 봐라.
아들: 하아….

아들이 스마트폰을 덮고 소파에 멍하니 앉아 있습니다.

엄마: 너는 할 일이 그렇게 없니? 지금 소파에 앉아서 뭐하는 거니?
아들: 그냥 앉아 있는데요.
엄마: 네가 지금 그냥 소파에 앉아서 그냥 멍하니 있을 나이가?
아들: 휴우….
엄마: 지금 네 친구들은 뭐 하고 있을 것 같니? 너처럼 이렇게 팔자 좋게 있는 친구가 있냐고!

아들이 고개를 푹 숙이고 자기 방으로 들어갑니다. 그리고 책상에 앉습니다. 스탠드를 켭니다. 책을 꺼내 폅니다. 한 장 한 장 넘깁니다. 드디어 집에 평화가 찾아왔습니다. 더 이상 아내의 잔소리는 없습니다.

우리 집이 평화를 유지하려면 아들은 책상 앞에 앉아 있어야 할 것 같습니다. 그것 외에는 아들이 무엇을 하더라도 전쟁은 시작됩니다. 궁금했습니다. 아들이 지금 무슨 생각을 하고 있을까? 아들은 지금 무슨 마음으로 저 자리에 앉아 있을까?

가만히 아들 방으로 들어가서 물었습니다.

아빠: 아들! 공부 잘되니?

아들: 공부하는 거 아닌데요. 그냥 앉아 있는 건데요.

아빠: 그래? 그냥 앉아 있는 거라고?

아들: 네. 그래야 엄마가 아무 소리 안 하니까요.

아빠: 그럼. 너는 엄마 잔소리 듣기 싫어서 이러고 있는 거야?

아들: 그런 것도 있고…. 그냥 이래야 조용하잖아요.

아빠: 그렇구나. 엄마가 니 행동에 대해서 뭐라고 하는 게 너는 불편한가 보구나!

아들: 엄마는 내가 공부 외에는 뭘 해도 뭐라고 하잖아요.

아빠: 음… 엄마랑 이야기를 해 보는 건 어떨까? 너의 솔직한 생각을…. 컴퓨터라든지 TV, 스마트폰을 몇 시까지 하고 몇 시부터 공부하겠다고 하면 엄마도 이해하지 않을까?

아들: 생각해 볼게요.

그날 저녁 모자는 꽤 긴 대화를 나누었습니다. 그렇다고 뚜렷한 답을 찾은 건 아니었습니다. 다만 진솔한 대화를 하면서 서로의 마음을 확인할 수 있었던 시간이었던 것 같습니다. 사실 자녀와 부모, 특히 기대감을 버리지 못하는 부모와 자녀의 마음은 영원한 평행선입니다. 자녀의 마음을 알지만 어쩔 수 없이 강요를 해야만 하는 부모의 마음이 늘 자녀를 힘들게 합니다.

과연 우리 자녀가 내 앞에서 무엇을 하고 있어야 마음이 편할까요? 무엇을 하고 있어야 자녀가 예뻐 보일까요? 무엇을 하고 있어야 자녀와 다투지 않아도 될까요?

한 번쯤은 부모 자신에게 던져야 할 질문입니다.

오늘 저는 책상 앞에 멍하니 앉아 있는 아들을 보며 부모 마음 편하자고 아들을 책상 앞에 앉혀 놓는 것은 아닌가 하는 생각을 해 봅니다.

가끔은 아들 마음 편한 것도 할 수 있어야 하고, 부모 마음 편한 것도 할 수 있도록 아들을 이해시키고 설득할 수 있어야 할 것 같습니다.

여하튼 오늘 보니 책상에 앉아 있다고 다 공부하는 게 아니더군요. 다만 부모 마음만 조금 편해질 뿐이더군요.

댓글

- 우리 집 이야기 같네요. 넘 공감됩니다.
- 저희 집도 그런 것 같아요. 지금 생각해보니 하루 종일 학교에서 책상에 앉아 있었을 텐데, 집에서도 책상 앞에 앉아 무언가를 해야 엄마인 저는 안심하는 건지~~ 돌이켜 보니 그동안 저의 행동이 부끄럽네요~^^
- 공감되는 글이네요…. 우리 집은 그래서 책을 4권씩 읽고 게임 1시간 하는 걸로 규칙을 정해줬습니다. 핸드폰 알람을 맞춰서요... 알람이 울리면 알아서 끄고 게임이 끝나면 하루 한 번씩 문제집을 두 장씩 풉니다. 그리고 난 후 자유를 줍니다.
- 학생을 둔 모든 부모님의 상황. 공감하면서도 슬픔이 밀려오네요. 저도 아침부터 데이터를 달라는 아들에게 한소리 했는데……. 종일 맘이 불편했는데 이 글을 보니 귀가하면 안아줘야겠네요. 감사합니다.^^
- 이렇게 격하게 공감되기도 오랜만이네요… 다시 한 번 아이에 대해 생각할 여유를 주셔서 감사합니다~^^
- 혼내고... 무엇 때문에 혼나는지도 모르고... 슬픈 현실입니다.

- 저도ㅠ 딸아이 셋 키우면서 했던 ...정말 격하게 공감 가네요. 우리 아이들 맘도 이랬겠구나 무엇이 옳은 건지 ㅎ 생각해봅니다. 감사합니다^^
- 울 아들 공부하는 뒷모습에 잔소리쟁이 엄마인 저도 마음이 아플 때가 더 많습니다. 하지만, 현실이 저를 우리 엄마 아빠들을 이렇게 만드네요~~ 저도 우리 아이가 우리 아들이 마음껏 기분 좋게만 지내길 누구보다 바라는데 엄마니까 또 오늘도 잔소리쟁이가 되네요 ㅠ

Tip ▶▶ 책상 앞에 앉아 있다고 해서 다 공부를 하는 것은 아닙니다. 그리고 부모 마음 편하다고 자녀 마음도 편한 것은 아닙니다.

13. 토닥토닥

심리학 강의를 진행하던 교수가 강의 도중 갑자기 10만 원짜리 수표를 꺼내 들었습니다. 그리고서는 "이 돈 가질 사람 손들어보세요."라고 했습니다. 그랬더니 모든 사람이 손을 들었습니다. 그걸 본 교수는 갑자기 10만 원짜리 수표를 주먹에 꽉 쥐어서 구기더니 다시 물었습니다.

"이거 가질 사람 손들어보세요."

그랬더니 이번에도 모든 학생이 손을 들었습니다. 교수는 또 그걸 다시 바닥에 내팽개쳐서 발로 밟았고, 수표는 구겨지고 신발자국이 묻어서 더러워졌습니다. 교수가 또다시 물었습니나.

"이거 가질 사람?"

당연히 대부분의 학생들은 손을 들었습니다.

학생들은 구겨지고 더러워진 10만 원짜리 수표일지라도 그 가치는 변하지 않는다는 것을 잘 알고 있었기 때문입니다. 교수는 마지막으로 학생들에게 이런 말을 하고 강의를 마쳤습니다. "10만 원짜리 수표의 가치가 변하지 않듯이 나라는 가치도 마찬가지입니다. 실패하고, 사회의 바닥으로 내팽개쳐진다 할지라도 가치는 변하지 않습니다. 여러분이 10만 원의 가치를 발견했듯이 여러분 개인의 가치도 발견해 보시기 바랍니다."

10년 넘게 OECD국 중 자살률 1위를 차지하고 있는 나라. 인구 10만 명당 29.5명이 자살하는 나라. 지난 20여 년간 연평균 5.2%씩 자살이 증가해 온 나라. 우리가 살고 있는 대한민국의 이야기입니다.

왜 이렇게 자살을 선택하는 사람들이 늘어나고 있는 것일까요? 물론 여러 가지 이유가 있을 것입니다. 경제문제, 우울증, 고독, 성적비관, 목표상실, 실연 등 무수히 많은 이유로 스스로 자신의 생명을 마감하고 있습니다.

그런데 만약 자살을 선택하는 사람들이 '나'라는 사람이 우주 유일의 유일무이한 존재라는 것, 그래서 세상 어느 것보다도 가치 있는 존재라는 것을 알았다면 어땠을까요?

실패해도 다시 일어설 수 있는 힘이 내 자신 안에 있고, 성적이 떨어진다고 해서 내 가치가 손상되지 않으며, 세상에 혼자 남겨졌다 하더라도 그 고독을 이길 힘이 내 안에 잠재돼 있음을 자각할 수 있었다면 어땠을까요?

아니면 누군가로부터 '너는 참 가치 있는 사람이다.'라는 이야기를 들었다면, '너는 참 소중한 존재다.'라는 이야기를 들었다면 어땠을까요?

그렇습니다. 사람은 누구나 사랑받기 위해 태어난 존재이고, 사랑받기 충분한 존재입니다. 그렇기에 누구나 가치 있고 소중한 존재입니다. 경쟁에서 뒤졌다고 해서, 성적이 떨어졌다고 해서, 실직을 했다고 해서, 혼자라고 해서 그 가치가 훼손되는 것이 아니라는 것입니다. 마치 10만 원짜리 수표가 아무리 구겨지고 더럽혀지더라도 그 가치가 변하지 않듯이 우리 인간도 구겨지고 더럽혀지더라도 그 가치는 훼손되지 않습니다. 그것이 우리 인간이 가진 능력이요, 조물주가 우리에게 준 소중한 선물인 것입니다.

지금 잠시 하는 일을 멈추고 거울에 비친 내 모습을 한번 보세요. 지금 거울에 비친 그 모습이 우주에 단 하나밖에 없는 가장 가치 있고 소중한 존재입니다. 보석보다 빛나고 어떤 자원과도 바꿀 수 없는 엄청나게 귀한 존재인 것입니다. 비록 남들이 알아주지 않더라도 실망하지 않아도 되는 것은 나를 알아보지 못하는 그들의 눈이 잘못된 것이지 내 가치가 없어서 그런 것이 아닙니다.

'나는 나를 사랑하지는 않지만 당신은 사랑합니다.'라는 말을 저는 믿지 않습니다. 자기 자신의 가치도 못 알아보는 사람이 어떻게 남의 가치를 알아 그를 사랑할 수 있단 말인가요?

자기 자신의 사랑스러운 면도 발견하지 못하는 사람이 어떻게 다른 사람의 사랑스러운 점을 발견할 수 있겠습니까? 자신의 가치를 발견하지 못하는 사람은 절대 남의 가치를 발견하지 못합니다.

소설가 이외수 선생님의 『하악하악』이라는 책에 다음과 같은 내용이 있습니다.

> "토끼와 거북이를 육지에서 한 번만 경주를 시키고 토끼를 자만과 태만을 상징하는 동물로 간주하거나 거북이를 근면과 겸손을 상징하는 동물로 간주하면 안 되지요. 바다에서 경주를

> 시키면 전혀 다른 결과가 나올지도 모르기 때문입니다. 인간들이 어떤 대상의 가치를 판단하는 방법은 대부분이 이런 모순을 간직하고 있습니다. 세상이 그대를 과소평가 하더라도 절망하지 마세요. 그대는 누가 뭐라고 해도 우주 유일의 존재입니다."

그러니 자살하고 싶다는 생각일랑 잠시 미루고 우주 유일의 존재인 나를 사랑해 보는 건 어떨까요? 당신은 충분히 그럴 만한 가치가 있습니다. 세상은 토끼도 필요하고 거북이도 필요합니다. 오늘 거울에 비친 자신을 향해 이렇게 말해볼까요?. "사랑한다. 우주의 유일한 존재인 나를…."

당신은 충분히 가치 있고, 소중한 존재입니다. 믿어보세요. 자신의 가치와 소중함을. 당신은 우주에서 가장 가치 있고 소중한 유일한 존재입니다.

자기 자신을 '토닥토닥'해 주세요.

그리고 우리 자녀에게도 알려 주세요.

'너는 우주 유일의 소중한 존재이고, 사랑받을 만한 충분한 가치가 있는 아이란다.'라고 말입니다.

댓글

- 안아 줄 이유^^!토닥일 이유가 충분히 있다는 걸 다시 알려 주셔서. 소중한 오늘을 행복하게 마무리 하겠습니당^^
- 사랑한다! 좋은 글 힘이 나네요. 옆에 아이에게 가치 있는 소중한 아이라고 안아주었더니 애교부리며 "고마워" 하네요^^
- 시험 때문에 안팎으로 힘들어하는 딸에게 꼭 구겨지고 짓밟힌 수표를 보여주고 싶네요…. 짜잔~ 어떤 모습이어도 빛나는 값어치!! 그게 너라고!! 감동적인 이야기. 감사합니다.

- 좀 전에 들은 이야기가 이런 글이었다면 얼마나 좋았을까요? 아이가 튕겨져 나가는 건 다 엄마 잘못이라고… 그럼 그때 당신은 무엇을 했나요? 반문하고 싶었지만 입을 다물었습니다.
- 힐링과 함께 일하는 엄마 반성하고 앞으로 두 아들에게 토닥토닥^^ 우주 유일의 소중한 존재 기억하고 알려주겠습니다.
- 정말 감동적이고 가슴 깊이 울림이 있는 글 정말 감사합니다~!!! 나부터 나를 사랑해야 그 에너지로 우리 아이들도 사랑해 줄 수 있는 것 같아요~!!! 감사합니다.

Tip ▶▶

지금 자녀를 꼭 안아 보세요. 그리고 말해 주세요. "사랑한다."

14. 자녀의 처진 어깨를 바라보는 부모의 마음

10시가 다되어 가는 시간, 어깨가 쭉 늘어진 둘째가 들어옵니다. 학교를 마치고 잠시 집에 왔다가 다시 과외를 가다 보니 귀가 시간이 늦습니다. 오늘따라 집으로 들어오는 발걸음이 무겁게 느껴집니다. 안쓰러운 마음에 어깨를 살짝 두드려 주었습니다. 그리고 한마디 해주었습니다.

아빠: 이제 마친 거야? 많이 피곤하겠구나!

아들: 네.

힘없이 한마디 내뱉고는 자기 방으로 가서 가방을 내려놓고는 침대에 푹 쓰러집니다. 아내가 한마디를 합니다.

엄마: 밥 먹고 씻고 자야지.

아들: 조금만 누워 있다가요.

저러다 잠들 것 같아 제가 가서 깨웁니다. 그리고 욕실로 강제로 들여다 보냅니다. 아내는 늦은 저녁상을 차립니다. 둘째가 주방에 앉고 얼마 지나지 않아 큰아들이 들어옵니다. 큰아이도 한 걸음 한 걸음 들어오는 발걸음이 무겁게 보입니다. 학원을 마치고 온 모양입니다.

둘째에게 그랬듯이 어깨를 살짝 두들겨 주며 '수고했다'라고 한마디 해주었습니다. 첫째도 자기 방으로 들어가서 가방을 내려놓습니다. 그리고는 침대에 푹 쓰러집니다. '씻고 밥 먹어라.' 하는 아내의 목소리에 힘겹게 일어나 욕실로 가서 씻고 주방으로 옵니다.

첫째와 둘째가 아주 늦은 저녁을 나란히 앉아서 먹습니다. 고요한 주방에 숟가락 소리와 젓가락 소리 그리고 간간이 들리는 아들들의 한숨 소리만이 고요함을 가끔씩 몰아냅니다.

잠들기 전 아내와 이런저런 대화를 나누었습니다.

"애들 학원을 좀 줄이는 건 어때? 너무 피곤해하는 것 같은데… 많이 힘들어 보이지 않아?"

"다른 애들도 다 하는데 뭐."

"그렇긴 한데 그래도 애들 너무 힘들어 보인다. 내 생각에는 조금 줄여 주면 좋겠는데…."

"이겨내야지. 지금 중요한 시기잖아요."

"아직 중학생이고 초등학생인데 좀 놀게 하면 좋겠는데."

"그래 봤자 집에 와서 스마트폰하고 게임밖에 더해요? 차라리 저렇게라도 학원이라도 가는 게 낫지."

"당신이 뭘 불안해하고 걱정하는지는 알겠는데 그래도 한 번쯤 애들

말 들어 보는 건 어때? 학원만 간다고 다 공부를 하는 게 아니잖아."

"음… 그런가? 일단은 한번 이야기는 해 볼게요."

"그래. 애들하고 한번 이야기해 보자. 애들이 어떻게 생각하는지도 들어보고."

"알았어요."

그날 저녁 아들들의 학원 문제로 꽤 오랜 시간 아내와 대화를 나누었습니다. 저는 아들들을 좀 놀게 해주었으면 하는 마음을, 아내는 다른 아이들에게 뒤질까 봐 걱정된다는 마음을 서로 나누었습니다. 아내의 마음을 이해 못 하는 것은 아니지만 저는 아들들이 좀 뛰어놀고, 최소한 스트레스를 받고, 힘겨워하면서 무언가를 하지 않았으면 하는 바람을 가지고 있습니다.

다음날 아침.

식탁에 둘러앉아서 식사를 하는데 아내가 아들들에게 묻습니다.

엄마: 너희들 학원 힘들어? 좀 줄일까?

아들: 그래 주면 좋지요.

엄마: 그래? 알겠어. 생각 좀 해 보자.

아내가 저녁에 이야기한 게 마음에 쓰였는지 아들들에게 이야기를 합니다. 아마 학원을 좀 줄여 줄 거 같습니다.

퇴근하고 집으로 들어가는데 아파트 주차장에서 아내가 몇몇 아줌마들과 이야기를 하고 있습니다. 가볍게 목례를 하고 먼저 집으로 들어갔습니다. 잠시 후 아내도 들어옵니다. 그리고 들어오자마자 저에게 이야기를 합니다.

"영어학원이 새로 생겼는데 좋다네. 그쪽으로 학원을 옮겨볼까?"

"엉? 학원을 옮겨? 아침에 학원 줄인다고 했잖아?"

"줄이기는. 지금 다른 애들은 학원을 더 늘리고 있다는데."

"그럼 아침에 이야기한 건?"

"그런 그거고… 다른 애들은 학원을 늘린다는데 우리 애만 어떻게 줄여."

역시 그렇습니다.

우리 아들들만 봐서는 학원도 줄이고 놀게도 하고 싶지만 동네 아줌마들과 이야기만 하고 나면 불안해지나 봅니다. 왠지 우리 아들이 뒤처지는 것 같고, 경쟁에서 뒤지는 것 같아 불안해지나 봅니다.

그러니 아들들의 처진 어깨나 무거운 발걸음도 경쟁을 위한 어쩔 수 없는 것이고, 나중의 영광을 위해서 이겨내야만 하는 것이 되어버립니다. 옆에서 지켜보는 저는 아들들의 힘듦도 알겠고 아내의 불안함도 알기에 뭐라고 이야기하기가 참 애매합니다.

그래도 아들들의 처진 어깨에 대해서 아내에게 조심스럽게 이야기를 해야 했습니다.

"다른 애들이 한다고 우리 애들까지 할 필요가 있을까? 우리 애들은 그냥 우리 생각대로 키우면 좋겠는데. 다른 애들이 당연히 신경쓰이겠지만 그래도 우리 애들은 우리가 생각한 대로, 애들이 원하는 대로 키우면 어떨까 싶네. 그리고 학원 하나 덜 다닌다고 경쟁에서 떨어지거나 성적이 확 내려가고 이러지는 않을 것 같아."

이야기를 듣던 아내는 말없이 그냥 밖으로 나갑니다. 정수기에서 물이 나오는 소리가 들리고 벌컥이는 소리가 들립니다. 아내가 속이 많이 타나 봅니다. 괜스레 아내에게도 미안해지는 밤입니다.

자녀들이 힘들어할 것을 알면서도 경쟁에서 뒤질까 봐 불안하고, 걱정이 되어 처진 어깨를 애써 외면해야 하는 아내의 마음이 참 안쓰러운 날입니다. 물론 부모의 불안함 때문에 힘든 것을 견뎌야 하는 아이들도 안쓰럽기는 마찬가지입니다.

댓글

- 그러게요, 울 큰딸 중 3인데요~ 다니는 학원들을 중단하고 스스로 공부해보겠다는데, 아예 학원 안 다니고 스스로 잘하는 애였으면 그러라고 하고 싶은데. 중3- 고등학교 준비하는 과정에 중요한 시기인데, 반항을 하네요, 기초 잘 닦아놓고, 지금 그만두었다가 무너질까 걱정이라 속이 터집니다… 열심히 하는 것 같더니….
- 대부분의 부모님들의 입장이자 지금 현재 이 시대를 헤쳐나가고 있는 아이들 이야기인 것 같네요~ 잠자리에 들면서 또 고민에 빠져봅니다~~^^
- 아이의 지금 시절은 다시는 돌아오지 않기에 소중하고 또 미래가 어떨지 모르기에 걱정도 되는가 봅니다. 전 아이들이 커서 살아가는 미래에 필요한 것은 다를 것 같습니다. 제 부모가 살아온 시대와 제가 사는 시대의 필요한 것과 중요도가 다르듯이… 물론 그래도 먹고 사는 것은 안 바뀌겠지요.
- 아이들도 부모 맘을 알기에 힘들어도 학원 줄여 달라 말 못하는 착한 아이들….
고1, 중1 아들 둘과 함께 동거하고 있지만 두 아들을 생각하면 항상 고민합니다.
"학원을 보내지 말까"라는 모두 파이팅 하십시오.
- 저 역시 이곳저곳 좋은 학원 비싼 학원 돌리고 돌리다가 결국 재수까지 서울에서 종점을 찍었네요. 아들이 진정 원한 것인지 아들을 빙자한 엄마의 욕망이 아니었는지 의문이 들었시요. 결국은 비보는 데까지는 채워왔지만 원하는 대학은 못 갔네요!!
- 이 시대가 아이들이 살아가기엔 너무나 벅차 보입니다. 하고파 해도 못 보내주는 부모도 있고, 이것저것 많이 해주려 해도 뒤따라주지 않는 아이들도 있지요. 정답은 없는 거 같아요. 내 욕심이고 부모욕심인 거죠. 기본만 충실하면 좋은데

그게 되지 않으니 사람인 거고~ 하~~

Tip ▶▶

자녀를 향한 불안감을 맞설 용기가 필요할 것 같습니다.

15. 더 귀한 것

토요일 지인과 함께 점심식사를 위해 가까운 패밀리 식당을 찾았습니다. 주말 점심시간이라 아이들을 데리고 온 부모님들이 많았습니다. 적당한 곳에 자리를 잡았습니다. 이런저런 이야기를 나누며 식사를 하고 있는데 옆 자리에서 들려오는 대화가 귀에 들어옵니다.

"엄마… 나 옷에 음료수가 묻은 것 같아요. 새로 산 옷인데… 어떡해요."

"음료수 흘렸어? 어디 보자. 그렇네! 여기 콜라가 묻었구나."

"네. 조심한다고 했는데… 어떡해요."

"어떡하긴. 빨면 되지. 걱정하지 말고 밥 먹어."

"그래도 어제 산 옷인데…."

"네가 콜라를 흘리지 않았어도 며칠 뒤면 빨아야 돼. 그냥 조금 일찍 빨았다고 생각하면 되지. 언젠가는 빨아야 할 옷이잖아."

"아… 엄마는 제가 이렇게 흘렸는데도 괜찮으세요."

"당연하지. 옷보다는 네가 더 중요하니까. 네가 다치지만 않으면 괜찮아. 그러니까 속상해하지 말고, 걱정하지 마."

"네. 감사해요. 엄마. 지금부터는 조심해서 먹을게요."

모녀지간의 대화를 들으며 지혜롭게 상황을 정리하는 엄마가 참 멋있어 보였습니다. 비록 자녀가 조심하지 않아서 새로 산 옷에 음료수를 흘렸지만 자녀의 행동을 비난하거나 꾸지람하는 것이 아니라 스스로 그 문제에 대해 생각하게 만들고, 엄마가 원하는 대답을 자녀 스스로 하게 만드는 것을 보며 저 또한 많은 것을 생각하게 했습니다.

사실 새로 산 옷에 무언가를 흘리면 대부분의 부모는 자녀를 혼냅니다. 조심하지 않았다는 것이지요. 그리고는 다음에는 조심하라는 경고를 합니다. 이렇게 혼을 내고 경고를 하면 당장은 자녀가 수긍할지는 모르지만 그 순간 관계는 깨지게 됩니다. 그렇게 깨진 관계에서는 자녀가 스스로 자신의 행동을 잘못이라고 인정을 해도 절대 부모의 말에 대해 인정하려고 하지 않습니다.

이미 자녀 스스로 자신의 행동이 잘못되었다고 생각하고 있는데 부모가 또다시 잘못된 행동에 대해 꾸지람을 하고 비난을 하면 자녀들은 오히려 자신들의 행동에 대해 반성하거나 인정하려고 하지 않습니다. 이때는 부모가 자녀의 잘못을 비난하기보다는 그 행동에 대해 어떻게 할 것인가를 이야기하면 됩니다.

대화를 마친 자녀가 또래의 아이들을 데리고 식당 한편에 있는 놀이방으로 가고 부모님들만 남았습니다. 그리고 누군가가 물었습니다.

"너는 애가 저렇게 옷에다가 음식을 흘렸는데 속상하지 않아? 나 같았으면 혼냈을 텐데. 그래야 다음에는 조심하지."

"옷은 이미 더러워졌고, 그리고 더러워진 옷은 빨면 되는 거잖아. 그리고 혼낸다고 더러워진 옷이 깨끗해지는 것도 아니잖아."

"그래도 그렇게 하면 다음에도 조심하지 않을 텐데."

"그럴 수 있지. 그래도 옷보다는 자녀가 더 소중하잖아. 그거면 됐지 뭐."

그렇습니다. 소중한 것은 새 옷이 아니라 자녀입니다. 자녀가 더 소중하기 때문에 자녀를 중심으로 이야기가 되는 것이 중요하지요. 더러워진 옷은 빨면 되지만 자녀의 상처는 그 무엇으로도 빨아지지 않기 때문입니다.

기분 좋게 식사를 마치고 나오면서 놀이방을 살짝 보았습니다. 누구보다도 해맑게 웃으며 놀고 있는 아이를 보며 비록 옷은 더러워졌지만 마음은 맑고 건강해 보였습니다.

그렇죠! 중요한 건 자녀이지요.

댓 글

- 와… 저였다면 화를 냈을 텐데… 부끄러워집니다.
- 마음이 따뜻해지는 멋진 대화, 감사합니다~ 언젠가 저도 저렇게 해보리라 생각하지만, 막상 내 일이 되면 똑같이 행동하기 쉽지 않네요.
- 이론과 실생활의 모습이 늘 일치하지는 못하는 하수 엄마로서 반성하고 돌아보게 하는 글이네요. 백날 부모교육 듣고 머리로만 공감하는 학부모라서 가장 중요한 게 뭔지 큰 깨달음을 주시는. 멋진 어머니의 해결법이군요.
- 저 같음 이금~~조심하지?? 그랬을 거예요~^^. 혼도 많이 냈을 것 같구요. 멋진 해결법이네요.
- 정말 쉽지 않은 상황을 현명하게 풀어내시네요. 멋집니다.
- 교수님의 글은 언제나 큰 교훈과 함께 달콤 맛납니다. 오늘도 좋은 깨달음을 가지고 갑니다. 감사합니다.
- 너무 너무 지혜로운 엄마네요. 저도 실천하도록 노력하겠습니다.^^*
- 오늘 비슷한 상황에서 저는ㅜㅜ 부끄럽네요.. 좋은 말씀에 실천을 다짐하면서도 쉽지 않네요. 더 노력해 보겠습니다.
- 아이의 솟은 어깨에 저 또한 기분 좋아지네요. 교수님께서 쓰신 글의 상황을 상

상하니 가슴이 참~~ 따스하네요.

- 저도 저런 엄마입니다. 다만 전 표현이 서툴겠네요. 그래서 항상 아이가 제 눈치를 봤나 봅니다. 부모 노릇은 할수록 어려운 것 같습니다. 요즘 중2 딸과 입씨름이 늘고 있어요.

Tip ▶▶ 옷은 빨면 됩니다. 그러나 한 번 상처가 난 자녀의 마음은 치유가 어렵습니다. 우리에게 중요한 것은 자녀입니다. 자녀의 마음을 먼저 생각하는 부모가 된다면 좋은 부모가 되겠지요.

16. 너를 위한 일?

엄마: 엄마가 새로 알아봐 준 학원 어때? 괜찮지?

자녀: 네. 근데 너무 빡세게 가르쳐요.

엄마: 그래야 공부를 하지. 학원에 자리 없다는 거 엄마가 억지로 자리 뺀 거야. 그러니까 조금 힘들어도 열심히 해야 된다.

자녀: 네. 근데… 토요일이랑 일요일은 안 가면 안 돼요?

엄마: 학원 안 가고 뭐 할 건데? 그래 봤자 집에서 빈둥거리기나 할 거잖아. 그럴 시간에 학원 가서 하나라도 더 배워라!

자녀: 친구들하고 좀 놀고 싶은데….

엄마: 학원에 친구들 있잖아. 학원에서 친구들하고 놀면 되잖아!

자녀: 나는 학교 친구들하고 놀고 싶은데….

엄마: 너는 왜 공부도 못하는 그런 친구들하고 놀려고 해? 친구를 잘 사귀어야지. 공부도 안 하는 그런 친구들하고 놀다가 대학도 제대로 못 가면 어쩔 건데!

자녀: 친구들 다 착한데….

엄마: 착하겠지. 그런데 공부를 안 하잖아. 그리고 학교에서 친구들 보잖아. 뭐 하러 주말에 쓸데없이 만나서 시간을 버리는데.

자녀: 휴우… 학교에서 어떻게 놀아요.

엄마: 쉬는 시간 있잖아! 그리고 이게 다 너를 위해서 그러는 거지 엄마를 위해서 그러는 거 아니잖아! 공부 잘해서 좋은 대학 가면 너 좋지. 내가 좋냐?

자녀: 그래도….

엄마: 그래도는 무슨 그래 도야! 아빠가 고생해서 돈 벌어서 너 학원 보내는 거잖아. 그럼 당연히 열심히 해야지!

자녀: 알겠어요.

엄마: 엉뚱한 생각하지 말고 공부만 열심히 해. 나머지는 엄마가 다 알아서 할 테니까. 다 너를 위해서 그러는 거야! 그러니까 엄마가 하라는 대로 하면 돼!

얼마 전 지하철을 타고 약속 장소로 이동하던 중에 들었던 대화입니다. 바로 옆자리에서 오가던 대화라 생생하게 들렸습니다. 자녀는 고개를 푹 숙이고 있고, 어머니는 쉴 새 없이 아들에게 말을 했습니다. 대충의 내용은 아들은 학원을 좀 줄여줬으면 하는 것이고, 어머니는 쓸데없는 생각하지 말고 더 열심히 하라는 것이었습니다.

아들이 힘들다고 하면 어머니는 '다 너를 위한 일'이라고 하면서 아들의 입을 막았습니다. 어머니가 그런 말을 할 때마다 아들은 깊은 한숨을 내쉽니다. 자기를 위해서 그러는 거라는 어머니의 말에 딱히 대꾸할 말이 없는 듯 보였습니다. 아들의 한숨은 어머니에게는 아무런 문제가 되지 않는 것 같아 보입니다. 아들이 긴 한숨을 쉬든 말든 어머니는 계속해서 아들을 몰아붙입니다.

모든 부모는 자녀가 공부를 잘했으면 합니다. 그것이 자녀가 이 사회를 살아가는 데 도움이 될 것이라고 믿습니다. 그래서 부모는 자녀에게 '다 너를 위한 거야.'라는 말로 자녀가 공부해야 할 이유를 규정합니다.

그런데 정말 그럴까요? 자녀가 공부를 열심히 해야 되는 이유가 그런 걸까요? 혹시나 부모의 불안함이, 두려움이 자녀로 하여금 공부를 하게 만드는 것은 아닐까요? 혹은 공부하지 않고 놀고 있는 자녀를 그냥 두고 볼 수 있을 만큼 여유가 없는 것은 아닐까요? 자녀가 학원이나 학교, 집에서 공부하고 있는 모습이 부모가 보기에 편안하고, 좋은 것이어서 자녀가 공부해야 하는 것은 아닐까요?

만약 부모의 두려움이, 불안함이 자녀가 공부해야 되는 이유라면 자녀를 다그칠 문제가 아니라 부모 자신의 두려움과 불안감을 다루어야 합니다. 공부를 하고 안 하고는 자녀가 결정하는 것이지 부모가 강요할 문제가 아니고, 부모가 강요한다고 해서 되는 일도 아니기 때문입니다. 강압적으로 하면 자녀가 당장은 따라올지 모르지만 결국은 어느 순간 부모와 다투게 되어 있습니다.

그러니 부모의 불안함이나 두려움 때문에 자녀에게 강요해서는 안 됩니다. 부모가 이겨내고, 맞서야 할 것입니다. 자녀를 위해서 부모가 강요해야 할 것은 없습니다. 자녀를 위한 것은 자녀가 하는 것을 묵묵히 지켜봐 주고, 도와주고, 함께 하는 것입니다.

말을 물가까지는 끌고 갈 수 있지만 강제로 말에게 물을 먹일 수는 없습니다. 물을 마시고 안 마시고는 말이 결정할 문제인 것입니다.

댓 글

- 휴우… 알면서도 되지 않는 건 뭘까요? 노력해야 되겠습니다.
- 글을 읽다 보니 얼마 전 읽은 시간가게란 책이 생각나네요 나는 윤아 엄마와 뭐가 다를까? 아이를 너무 내몰지는 않을까 그러면서도 무엇 하나 빼주지 못하는 마음… 아이가 싫다고 하면 설득하고 있는 내 자신이나 그러면서도 괜찮다는 아이를 보는 마음… 참 모순되지만 어쩔 수 없는 현실… 어떤 게 정답인지 알 수 없지만 최선을 다하려고 노력하며 오늘 하루도 지나가네요~
- 흐흠… 얼마 전에 울 딸 학원 옮기신 건 또 어찌 아셨나요… 하지만 울 딸은 빡빡하지 않고 아이들을 잘 챙겨봐 주는 곳을 찾아서 옮기게 된 거라 다행인 거죠.
- 선생님들의 한결같은 말씀은 하면 잘하는데 게으른 편이어서 시작하기를 꺼린다는 것…. 잔소리 안 하려고 무지하게 노력하는데 미적거리는 모습을 보면 또 불끈하는 것이…

Tip ▶▶

자녀들이 공부해야 하는 이유가 부모님들의 불안감이나 두려움 때문은 아닌지 돌아봐야 할 때인 것 같습니다. '다 너를 위한 일이야.'라는 말로 합리화시킬 일이 아닙니다.

17. 끝까지 들어보면 이해할 수 있습니다

퇴근하고 집에 들어서는데 집안 공기가 좋지 않습니다. 분명 누군가가 사고(?)를 친 게 분명합니다. 거실문을 열고 들어가니 역시나 전쟁이 벌어졌습니다. 거실에 깔아놓은 층간소음 방지 매트(상당히 두껍습니다)를 아내가 들고 있고, 막내가 그 옆에 서 있습니다. 그리고 들어올린 매트 밑에는 물이 흥건합니다. 아마 막내가 거실에 물을 쏟았나 봅니다.

엄마: 너 거실에서 물장난하지 말라고 했지!

아들: 물장난한 게 아니고….

엄마: 장난친 게 아닌데 왜 여기 물이 이렇게 있는데?

아들: 그게 장난친 게 아니고….

엄마: 장난친 게 아닌데 여기에 물이 왜 이렇게 있어?

아들: 그냥 물을 마시다가….

엄마: 누가 여기서 물 마시라고 했는데. 엄마가 분명히 주방에서 물 마시라고 했지!

아들: 했는데….

엄마: 했으면 말을 들어야지 왜 여기서 물을 흘리고 그러냐고. 여기 봐! 소파 밑으로도 물이 다 들어갔잖아. 이거 어쩔 거야! 네가 다 치울 거야?! 그리고 물을 쏟았으면 닦아야지. 왜 이렇게 놔두는데!

아들: 닦으려고 했는데

엄마: 빨리 가서 걸레 가지고 와!

아들: 알았어요.

엄마: 닦지도 않을 거면서 물은 왜 흘려!

아들: 닦으려고 했다니까.

엄마: 빨리 걸레 안 가지고 와!

아들: 휴우… 알겠어.

그렇게 아들은 걸레를 가지러 갔고, 아내는 잔소리를 멈추지 않습니다. 아내 입장에서 보면 퇴근하고 집에 왔는데 아이들이 집안을 어지럽혀 놓으면 화가 날 겁니다. 특히나 다른 것도 아니고 물이 바닥에 흥건할 정도로 쏟아 놓은 것을 보면 큰소리를 낼 수밖에 없을 겁니다. 그래서 아내가 아들을 향해서 날리는 잔소리들은 엄마로서 당연한 일입니다.

그런데 저는 궁금했습니다. 어쩌다가 아들이 거실에 물을 저렇게 쏟았는지, 쏟았으면 왜 치우지 않았는지 물어보고 싶었습니다. 그래서 아들을 살짝 서재로 불렀습니다.

아빠: 아빠랑 이야기 좀 할까?

아들: 아빠는 제가 하는 말을 끝까지 들어줄 거예요?

아빠: 응?

아들: 내가 하는 말을 끝까지 다 들어줄 거냐고요.

아빠: 당연하지 다 들어줄 거야.

아들: 알았어요.

아빠: 거실에서 물 마시다가 쏟은 거야?

아들: 네.

아빠: 그렇구나. 쏟았으면 닦지.

아들: 닦았어요.

아빠: 그래? 근데 물이 저렇게 많이 있잖아.

아들: 나는 매트 위에만 닦으면 되는 줄 알았지. 밑에 물이 저렇게 많이 들어가 있는지 몰랐다고요.

아빠: 그랬구나. 너는 매트 밑에도 물이 있는 걸 몰랐구나. 그래서 위에만 닦았구나.

아들: 네. 나는 진짜 물이 바닥에 저렇게 흘렀는지 몰랐어요.

아빠: 그래. 처음이면 모를 수 있어. 다음에 혹시나 거실에서 물 마시다가 쏟으면 밑에도 물이 있다는 거 잊지 마.

아들: 알겠어요. 앞으로는 조심해서 물 마시고, 쏟으면 밑에도 다 닦을게요.

아빠: 그래. 그렇게 말해줘서. 고마워.

그렇습니다. 아들은 일부러 물을 쏟은 것도, 무책임하게 쏟은 물을 닦지 않은 것도 아닙니다. 물을 마시다가 실수로 매트 위에 물을 쏟았고, 나름대로 쏟은 물을 닦았습니다. 단지 물이 매트 밑으로 흘렀는지를 몰랐을 뿐입니다. 그렇다면 굳이 아들의 행동에 대해 잔소리를 할 필요가 없는 것입니다.

한 번쯤은 이미 일어난 사건에 관심을 두기보다는 자녀의 말을 천천히 끝까지 들어 보는 것은 어떨까요? 그것이 설사 변명일지라도 말입니다. 끝까지 듣다 보면 자녀의 진심을 알 수 있고, 어쩌면 이해되지 않을 것 같은 행동도 이해될 수 있습니다.

댓 글

- 엄마 입장~ 아들 입장 ~ 다 이해가 됩니다. 아이들의 의도적이지 않은 작은 실수는 그냥 실수로 봐 줘야 할 듯합니다.
- 저도 엄마 입장만 앞세우고 아이를 질타할 때가 잦았는데 반성합니다.
- 여유 없이 살아가는 엄마들의 비애~~ 나도 챙김을 받고 싶다.
- 교수님의 대화, 정말 모범답안이세요. 그리하도록 배웠지만 쑥스럽고 어색해서 잘 안 되네요.
- 애들 어릴 땐 특히 툭툭 떨어지는 과자들은 안 사주곤 했지요.
- 말총이라는 단어가 떠오릅니다. 눈총… 말총… 아이가 어릴 때는 버릇을 잡는다는 명목으로 눈총 말총 엄청 쏘아댔었는데…. 그때는 왜 몰랐을까요? 아니 알았어도 자기합리화했던 것 같아요.

Tip ▶▶

이미 일어난 일을 보며 자녀를 꾸중하기보다는 그런 일을 할 수밖에 없었던 자녀의 행동을 이해하면 잔소리가 많이 줄어들 수 있겠죠?

18. 자녀의 과제는 자녀에게 맡겨 두세요

엄마: 너 어제 또 늦게 숙제하고 잤지?

아들: 12시 조금 넘어서 잤는데요.

엄마: 왜 너는 미리 숙제를 안 하고 항상 늦게 하는데?

아들: 숙제가 많아서.

엄마: 숙제가 많은 거 좋아하네. 항상 스마트폰 만지다가 게임하다가 하니까 그렇지!

아들: 스마트폰은 조금밖에 안 했는데요. 그리고 하루에 두 시간은 해도 된다고 했잖아요.

엄마: 조금이 몇 시간이야? 그리고 두 시간을 만져도 된다고 했어도 숙제를 하고 만지든지 해야지. 그렇게 스마트폰을 먼저 만지니까 늦게 숙제를 하지! 왜 미리 안 해? 항상 그렇게 스마트폰을 만지다가 늦게 숙제를 해야 되나?

아들: 그래도 다 했잖아요.

엄마: 지금 숙제를 다 하는 게 문제야? 그렇게 늦게 숙제하고 아침에 일어나서 학교 가면 수업이 제대로 되니? 꾸벅꾸벅 졸다가 오겠지.

아들: 안 조는데요. 수업 열심히 듣는데요.

엄마: 말은 잘하지.

아들: 진짠데….

엄마: 너 한 번만 더 스마트폰 하다가 늦게 숙제하면 스마트폰 압수하다. 알겠어!

아들: 엄마는 내가 숙제를 늦게 하는 게 마음에 안 들어요? 아님 스마트폰을 만지는 게 마음에 안 들어요?

엄마: 둘 다! 둘 다 마음에 안 들어! 그러니까 스마트폰 그만 만지고 숙제 미리 하고 일찍 자라고!

아들: 휴우… 엄마는 내가 뭘 해도 마음에 안 드네.

엄마: 그러니까 엄마 마음에 들게 좀 행동을 해 봐라! 그게 어렵니?

어젯밤에 초등학교 6학년 둘째가 숙제를 하느라 늦게 잔 모양입니다. 가끔 둘째는 숙제를 하느라 12시를 넘기는 경우가 있습니다. 그럴 때면 아내는 아들에게 폭풍 잔소리를 합니다. 아내 입장에서는 아들이 늦게 숙제를 하는 것이 스마트폰 때문이라고 생각하고, 늦게 자면 학교에서 제대로 수업을 듣지 못할 것으로 생각합니다. 그러니까 아내는 스마트폰을 만지는 아들의 행동이 마음에 들지 않고, 학교 가서 수업을 제대로 듣지 못하게 될까 봐 걱정합니다.

그러나 아들은 스마트폰을 만지더라도 숙제를 다 했고, 학교 가서 수업 시간에 졸지 않고 잘 들을 수 있기 때문에 엄마의 잔소리가 부당하게 생각합니다. 그러니 두 사람의 생각은 팽팽하게 평행선을 달립니다.

제삼자인 제가 봤을 때에는 아내는 부모로서 당연한 잔소리와 걱정을 하는 것이고, 아들은 아들 입장에서 억울하기에 누구 편을 들 수가 없습니다. 그러나 그냥 두기에는 서로의 관계가 상할 것 같아 약간의 개입을 하기로 합니다. 제가 개입해야 할 사람은 아들이 아니라 아내입니다. 왜냐하면 숙제나 수업을 듣는 것은 아들의 과제(일)이지 아내의 과제가 아니기 때문입니다. 결국, 숙제 여부나 수업시간에 조는 것에 대한 책임은 아들이 져야 할 문제인 것입니다.

남편: 당신은 둘째가 어떻게 했으면 좋겠어?

아내: 스마트폰 좀 그만 만지고 숙제 미리 하는 거지.

남편: 숙제는 다해 가잖아.

아내: 다해가지. 근데 미리 안 하잖아요.

남편: 미리 하고 안 하고가 중요한 거야? 아님 숙제를 하는 게 중요한 거야?

아내: 그거야… 해 가는 게 중요하긴 하지.

남편: 그래! 둘째가 숙제를 안 하는 건 아니잖아. 결국 해 가니까 거기에 대해서는 뭐라고 하지 않았으면 좋겠는데.

아내: 학교 가서 수업 제대로 안 들을까 봐 걱정되니까 그렇지요.

남편: 그렇지. 나도 그게 걱정이 되긴 하는데. 수업 시간에 졸다가 선생님께 혼나면 둘째도 뭔가를 깨닫겠지. 혼나기 싫으면 일찍 잘 거야. 그건 둘째에게 그냥 맡겨 둡시다.

아내: 흠… 그럼 스마트폰은요.

남편: 스마트폰 만지는 것도 일단은 지켜봅시다. 그렇다고 밤새도록 하는 것도 아니고, 보니까 숙제할 시간은 보고 하는 거 같은데. 그리고 둘째랑 하루에 2시간 정도는 해도 된다고 했으니까 언제 하는지는 본인이 결정하도록 해야지.

아내: 휴우… 나도 신경 안 쓰고 싶은데… 저렇게 놔둬도 될지… 걱정이네.

남편: 그래. 당신이 신경 쓰고 걱정하는 게 당연한 거지. 그렇지만 우리가 가진 걱정이나 두려움 때문에 아들에게 강요해서는 안 되니까.

부모가 해야 할 과제가 있고, 자녀가 해야 할 과제가 있습니다. 부모가 가진 두려움이나 걱정 때문에 자녀가 해야 할 과제에 관여하는 것은 결코 관계에 도움이 되지 않습니다. 많은 부모가 자신의 행동은 '자녀가 잘되라고 하는 행동'으로 생각합니다. 그러나 아무리 자녀가 잘되라고 하는 행동일지라도 자녀가 해야 할 과제에 끼어든 행동이라면 멈추는 것이 좋습니다. 그러한 행동은 자녀에게 아무런 감흥을 주지 않는 단순한 잔소리일 뿐입니다.

댓글

- 2, 4학년 초등생 아들이 있습니다. 숙제를 스스로 안 하는 이유가 제가 간섭이 많기 때문일까요. 고민이네요…
- 안 하면 안 하는 데로 불안하고, 스스로 한다고 해도 제대로 했을까 불안하니~~~ 늘 불안한 엄마입니다. 엄마로서 욕심이 과하건 가요?
- 중3 아들이 있는 우리 집 모습이기도 하네요^^;; 저도 요즘은 저의 문제, 아들의 문제 관점으로 많이 보려고 하고 교수님 글들을 보고 배우면서 노력하고 있답니다.
- 깜짝 놀랐어요. 어쩜 우리 집 대화내용이랑 똑같은지…
- 숙제를 하고 안 하고도 아이들이 중심인 듯싶습니다. 아이들 과제이기에 문제점도 아이들이 느끼고 풀어나갈 수 있도록 방향을 제시하면서 지켜봐 주는 것도 좋을 듯합니다. 우리 아이도 보면 본인이 숙제의 중요성을 느껴야만 하더군요.
- 오늘도 교수님 글 속에서 또다시 제 모습을 보게 됩니다. 잔소리하는 내용까지 어찌 그리 똑같은지 말이죠~^^ 지난 방학 동안 울 딸이 해외봉사활동을 다녀왔었는데 느낀 부분이 많았는지 조금씩 달라지려고 노력하는 모습에 저도 잔소리 줄여보려 노력 중이랍니다
- 초등 5학년 남아 맘입니다. 숙제는 제가 얘기 안 하면 그냥 안 하고 갑니다. 선생님한테 혼나도 그때뿐인 것 같아 이젠 제가 더 신경 써서 확인하고 있습니다. 혼자 해 갈 거라고 지켜보기도 했지만 신경도 안 쓰는 것 같고 왜 안 했느냐고 하면 몰랐다 잊어버렸다고만 합니나.
- 교수님 글을 보고 있으면 어쩜 이리도 저희 집과 똑같은 상황인 것인지. 우리만 그런 게 아니고 다들 그런가 하는 안도를 느끼면서 내가 좀 더 변해야겠다는 반성을 하게 되네요.

Tip ▶▶
부모가 해야 할 일과 자녀가 해야 할 일을 구분해 보세요. 그리고 자녀가 해야 할 일에 대해서는 자녀에게 맡겨 보세요. 잘해 낼 겁니다.

19. 그런 자녀가 내 자녀입니다

중학교 3학년인 큰아들이 다니는 학교에서 전화가 왔습니다.

"안녕하세요. 아버님 ㅇㅇ 학교입니다."

"네. 안녕하세요."

"이번에 학교폭력 회의가 열리는데 아버님께 참여 좀 부탁드리려고요."

"아! 학교 폭력 회의요? 제가 이번에는 참석이 힘들 것 같습니다. 학교 일이 많이 바빠서요."

"아버님 이번에는 꼭 참석을 해주셔야 합니다."

"죄송합니다. 저도 참석하고 싶은데 시간이 그렇네요. 다음에 꼭 참석하도록 하겠습니다."

"아니요. 아버님 이번에 꼭 참석을 해주셔야 합니다."

"죄송합니다. 이번만 좀 봐 주십시오."

"그게 아니라… 학교폭력 가해자 부모님으로 반드시 참석해 주셔야 합니다."

"네? 학교폭력 가해자 부모요?"

"네. ㅇㅇ이가 이번에 학교폭력 가해자로 지목되었습니다."

무언가 한 대 맞은 듯 띵했습니다. 부랴부랴 전화를 끊고 두근거리는 심장을 진정시켰습니다. 아버지는 학교에서 '학교폭력 예방교육'을 하러 다니는데 아들은 학교폭력 가해자가 되었다고 하니 부끄럽기도 하고 황당하기도 했습니다. 그날 저녁 퇴근하고 아내와 이런저런 이야기를 나누었습니다. 아내 역시 저처럼 화가 많이 나 있었습니다.

"속상해 죽겠다니까… 어떻게 저렇게 말을 안 들어…"

"나도 학교에서 전화받고 많이 놀랐어. 학교 폭력 가해자라고 해서… 나는 학교폭력 예방교육을 다니는데…. 황당하더라고."

"다른 집 애들은 착하게 학교를 잘 다니는데 왜 저렇게 삐딱해… 좀 착하게 잘 다니면 안 되나? 진짜 속상해."

"거참… 당황스럽기는 하네."

"누굴 닮아서 저러는지 모르겠어. 진짜! 왜 조용히 학교를 못 다니는지… 저놈의 자식 다리몽둥이를 분질러 버리든지 해야지."

"일단은 진정하고 ○○이 들어오면 이야기 먼저 들어 보자."

"뭘 들어요. 뻔하지 뭐! 동네 창피해서! 어휴!"

아내는 속이 많이 상했나 봅니다. 믿었던 큰아들에 대한 서운함도 많은 것 같았습니다. 그러나 여기서 부모가 흥분하면 일이 더 커질 것이 뻔하기 때문에 흥분을 좀 가라앉히고 아들을 기다렸습니다. 학원을 마치고 들어온 아들을 불렀습니다. 이런저런 이야기를 했는데 생각보다 아들이 잘못한 것이 크지 않았습니다.

의도한 행동이 아니라 실수로 한 행동에 대해 다른 학생들이 위협적으로 느껴서 아들을 가해자로 지목해서 선생님께 말을 한 것이었습니다. 아들이 키가 크고 해서 작은 행동도 상대에게는 위협적으로 느껴질 수 있을 것 같았습니다. 일은 그렇게 마무리가 되었습니다.

그리고 몇 주 후 학교에서 몇 번의 전화가 왔습니다. 친구들과 담배를 피우다가 적발되었다는 전화, 후배들에게 담배를 팔다가 적발되었다는 전화, 외출증을 위조해서 외출하다가 걸렸다는 전화 등 아들은 크고 작은 문제를 일으켰습니다. 물론 일이 터질 때마다 아들과 대화를 통해서 하나씩 문제를 풀어나갔습니다.

며칠 전 아내와 아들의 문제로 이런저런 이야기를 나누었습니다.

"휴우… 진짜 어떻게 해야 될지 모르겠어… 잔소리하는 것도 한두 번이고… 아빠가 좀 따끔하게 혼을 내 봐요. 좀 때리든지…"

"때린다고 잔소리한다고 변하지 않을 거란 거 당신도 알잖아."

"그럼 저렇게 놔둘 거예요?"

"일단은 대화하면서 지켜보자고. 담배 피운다고, 외출증 위조했다고 애가 어떻게 되는 것은 아니잖아. 일단은 믿고 기다려 주자고."

"언제까지요… 저러다가… 휴우… 진짜 이렇게 실망시킬지 몰랐네… 좀… 부모 말 좀 잘 듣고 착하게 자라면 안 되나…."

"그러게… 그러면 좋겠지만."

"내가 낳은 자식이 저러니까… 진짜 속상해…"

"어떡하겠어. 저게 우리 자식이잖아. 인정해야지. 착하게 부모 잘 듣는 애가 우리 자식이 아니고, 저렇게 사고 치고, 말썽부리는 애가 우리 자식인 걸 인정해야지."

"휴우… 그래도… 내 자식이…."

"그냥 인정하자고. 지금 저 애가 우리 자식이란 거. 우리가 부정해도 안 변하는 거니까. 인정해야 대화도 할 수 있고, 지켜볼 수 있는 거니까. 일단은 받아들입시다."

말로는 자녀를 받아들이고 수용하자고 했지만 쉽지 않은 일입니다. 그러나 쉽지 않은 그 일을 용기 내서 해야만 자녀를 지켜볼 수 있고, 자녀와 대화할 수 있고, 자녀를 포기하지 않을 수 있습니다.

말 잘 듣고, 착하고, 바르게 자라는 아이가 내 자녀가 아니라, 지금 현재 사고도 치고, 부모에게 대들고, 동생과 싸우고 있는 그 아이가 내가 낳은, 나를 부모라고 부르는 내 자녀입니다.

거기서부터 자녀와의 관계 맺기를 새로이 시작할 수 있어야 합니다. 착하고, 모범적인 아들에서 출발하는 것이 아니라 사고치는 아들에서 출발해야 대화도, 관계도 맺어질 수 있습니다.

댓 글

- 매번 잘 읽고 있습니다. 때론 감동도 하고 때론 반성도 하고 웃기도 하고 울기도 하구요. 늘 감사드립니다.
- 자녀를 있는 그대로 수용한다는 것이 어려운 일인 것 같습니다. 그래도 노력해야겠네요^^*
- 감동적입니다. 결코 쉽지 않은 일이죠. 저도 배워야겠습니다. 말 안 듣고 반항하는 애가 제 딸인 것을요.
- 아들의 소소한. 말씀이. 성장하는 단계 같아 제 눈엔 그저 귀엽고. 이쁘네요. 여린 맘을 가진 아들 같아서요.
- 아.... 자녀를 있는 모습 그대로 수용한다는 것… 그렇네요. 중요한 것은 내가 자녀를 얼마나 수용하느냐의 문제였네요. 감사합니다.
- 저는 늘 제가 가진 생각에 우리 아이들을 맞추어 온 것 같네요. 아이들이 참 많이 힘들었겠다 싶어 눈물이 납니다.
- 오늘 저녁 퇴근하면 우리 아이를 꼬옥 안아 줘야겠습니다. 사랑한다는 말과 함께요. 감사합니다.

Tip ▶▶

자녀는 부모가 원하는 대로 바꾸는 존재가 아닙니다. 자녀는 부모가 인정하고 수용해야 할 존재들입니다.

20. 자녀를 존중한다는 것

가족회의를 거쳐 방 하나를 순수한(?) 옷 방으로 만들어 각자가 그 방에서 옷을 갈아입기로 합의를 봤습니다. 이방 저방에 옷이 어지럽게 널려 있지 않아도 되니 좋았습니다. 그런데 문제는 옷 방이 점점 막내의 장난감 방이 되어 간다는 것입니다. 그냥 장난감 방이 아니라 발을 디딜 틈이 없이 어지럽혀진 장난감 방입니다. 흡사 장난감 쓰레기장입니다. 오늘도 퇴근하고 옷 방으로 갔는데 역시나 막내가 잔뜩 어지럽혀진 방에서 장난감으로 무언가를 하고 있습니다.

아빠: 흠… 아빠가 옷을 좀 갈아입어야 할 것 같은데. 아빠가 들어갈 곳이 없네.

아들(셋째): 아빠~ 방이 엉망진창이지요?

아빠: 그렇네. 장난감이 밖으로 많이 나와 있네.

아들: 그렇죠? 장난감들이 답답한가 봐요. 자꾸 밖으로 나와요.

아빠: 그래? 그럼 다시 자기들이 있을 곳으로 보내주면 좋겠는데. 그래야 아빠가 옷을 갈아입을 수 있을 것 같은데.

아들: 아빠! 지금 그게 중요한 게 아니에요.

아빠: 그래? 그럼 뭐가 중요한데?

아들: 내가 찾는 장난감이 없다는 게 중요해요. 그 장난감을 빨리 찾아야 해요.

아빠: 아빠는 네가 먼저 치워 놓고 찾으면 좋겠는데. 아빠가 도와줄 수도 있을 것 같고.

아들: 아니! 아니! 지금 그게 중요한 게 아니라니까요?

아빠: 그럼 네가 생각하기에는 뭐가 중요한 거야?

아들: 그니까 내가 찾는 장난감이 없다는 게 중요하다니까요. 그리고 그걸 빨리 찾아야 하고요. 아빠는 제 말을 이해 못 해요?

아빠: 그러니까 아빠랑 이걸 치우고 네가 중요하다고 생각하는 그 장난감을 찾으면 되잖아.

아들: 아니요 지금 중요한 건 그게 아니라니까요? 에이 그러면 아빠는 찾지 마시고 좀 나가세요.

아빠: 아빠가 장난감을 안 찾아 주겠다는 게 아니잖아. 아빠는 같이 찾아 줄 거야. 근데 먼저 치우고 찾자는 거지.

아들: 아니요. 지금 중요한 게 그게 아니라니까요. 아빠는 왜 내 말을 안 듣고 아빠 생각만 해요?

아빠: 내가? 아빠가 보기에는 자기 생각만 하는 건 너 같은데!

아들: 아빠! 아빠는 그냥 나가세요. 혼자 찾을게요.

그렇게 방에서 쫓겨나다시피 나왔습니다. 거실에서 상황을 잠시 정리해 보았습니다. 나름대로 최선을 다해 아이의 말을 들었고, 도와준다고 했고, 배려했다고 생각했는데 결과는 아들에게서 쫓겨나고 말았습니다. '어디서부터 아들과의 대화가 딴 길로 갔을까?'라는 생각을 하며 아들의 행동을 멀리서 지켜봤습니다. 그리고 다시 무언가를 열심히 찾고 있는 아들에게로 갔습니다.

아빠: 장난감 찾았니?

아들: 아니요. 어디 있는지 못 찾겠어요?

아빠: 그래? 중요한 장난감인가보구나!

아들: 네. 아주 중요한 장난감이에요.

아빠: 아빠가 찾는 거 도와줄까? 지금 도와줄 수 있는데.

아들: 정말요? 도와주세요!

아빠: 그래 같이 찾아보자.

아들: 네.

그렇게 5분여를 찾은 끝에 드디어 아들이 찾던 장난감을 찾았습니다. 아들은 얼굴에 미소를 가득 품은 채 말했습니다.

아들: 아빠~~ 이게 내가 찾던 장난감이에요.

아빠: 그래? 드디어 찾았구나. 다행이다.

아들: 네. 도와주셔서 감사합니다.

아빠: 그래. 찾아서 아빠도 기쁘네.

아들: 네. 이제 이거 제가 다 정리할게요. 아빠는 나가서 쉬고 계세요~~.

아빠: 그럴래? 그렇게 말해줘서 고맙다 아들~~~

자녀를 신뢰한다는 것은 자녀를 존중한다는 것입니다. 자녀를 존중한다는 것은 자녀의 놀이에, 자녀의 활동에 참여한다는 것을 의미하고, 자녀의 말에 진심으로 귀를 기울이고 들어주고 의견을 교환한다는 것을 의미합니다. 부모가 보기에 한숨 나올 놀이 같아 보여도, 부모가 듣기에 한심한 이야기 같아도 진심으로 그 놀이를 인정하고, 이야기에 귀를 기울여 주면 자녀는 자신이 존중받고 있음을 느낍니다. 그런 자녀는 부모의 말에 귀를 기울이고 부모가 하는 말을 존중합니다.

그러니 장난감을 찾는 아들의 행동을 존중하지 않으면 '장난감을 치우라.'라는 부모의 말 또한 존중받지 못한다는 것입니다. 존중은 나이의 문제도, 위계의 문제도, 상대의 수준의 문제도 아닌 자신과 타인에 대한 신뢰의 문제이고, 용기의 문제입니다.

댓 글

- 아 이번 글… 정말 저에겐 뜨끔거리며 가슴 깊이 새겨야 할 글입니다. 그런데 참 대단하세요… 글처럼 실제로 선생님 가정에서 있는 일이라면 아빠도 아이도 멋집니다.
- 공감이 갑니다. 늦둥이 4살 아이가 자주 그러는데 전 치우길 강요했네요.
- 마지막 멘트에 빵 터졌습니다. 결국, 듣는 것 기다려주는 것 잘해주는 부모가 최고의 부모네요. 제일 어렵습니다~^^;;
- 자녀를 존중한다는 것이 정말 중요하다는 것을 새삼 느낍니다.
- 교수님 글에서 아이와 소통하는 법을 아니 사람과 소통하는 법을 조금이나마 깨닫습니다 누군가 먼저 이렇게 해 주길 바라는 마음에 항상 내가 먼저 있게 억울했는데 그것이 내가 먼저 행복에 도달하는 길인 거 같습니다. 감사합니다.
- 아이의 이야기에 잘 들어주는 것 같아도 다 부모에게 맞춘 강요가 되는 것 같아요. 왜 말을 듣지 않을까 했는데. 부모가 먼저 존중해 주질 못해서군요. 눈시울이 뜨거워집니다.
- 치운 거나 어지럽힌 거나 똑같은 방~~ ㅠㅠ 아이에게 어른 같은 결과가 있길 기대하는 제 어리석음을 반성합니다.
- 자녀에게 늘 존중하자고 생각하면서 가장 안 되는 것 같아요 ... 다시 한 번 생각하며 반성도..^^;; 오늘도 좋은 마음, 행복한 마음 하나 배우며 하루를 즐겁게 보낼 수 있는 힘을 얻네요.

21. 우리 자녀는 왜 이런 행동을 할까요?

상담자: 어제 전화로 예약하셨죠? 제가 무엇을 도와드릴까요?

내담자: 우리 아들 행동이 너무 이상해요.

상담자: 아들 행동이 이상하다고요?

내담자: 네. 우리 아들이 사춘기가 시작되면서 행동이 이상해졌어요.

상담자: 구체적으로 상황을 설명해 주실 수 있을까요?

내담자: 예를 들면 동생에게 이유 없이 화를 내고요. 저한테 꼬박꼬박 말대꾸를 하고, 심지어는 화를 내면서 저한테 큰소리를 치고 자기 방으로 들어가서는 고함을 지르고 난리도 아니에요.

상담자: 평소 보지 못했던 자녀의 행동에 많이 당황하셨겠군요.

내담자: 네. 왜 그런 행동을 하는지 이유를 모르겠어요. 저는 나름대로 최선을 다한다고 하는데… 요즘 같아서는 진짜 살맛이 안나요. 휴우….

상담자: 어머니께서 많이 지치셨나 봅니다.

내담자: 그런 것 같아요. 매일 매일이 지옥 같아요.

상담자: 그럴 것 같네요. 제가 어머니 상황이라도 힘들 것 같아요.

내담자: 우리 아들이 왜 이런 행동을 할까요? 어떻게 해야 우리 아들이 저런 행동을 멈출까요? 진짜 오만 것 다해 봤는데… 이젠 뭘 더해야 할지 모르겠어요.

상담자: 그렇겠군요. 그런데 아들이 왜 그런 행동을 하는지는 지금 문제의 핵심은 아닙니다. 문제의 핵심은 다른 곳에 있는 것 같습니다.

내담자: 네? 다른 곳에 있다고요? 아들의 행동이 문제가 안 된다는 건가요?

상담자: 아들의 행동이 문제다 아니다를 이야기하는 게 아닙니다.

내담자: 그럼요? 이번에도 다 제 탓인가요? 이해하지 못하는 제 탓인가요? 그래서 제가 참고 인내해야 되는 건가요?

상담자: 자! 조금만 진정하시고요.

내담자: 왜 항상 제가 참아야 하고, 왜 항상 모든 것을 저의 문제로만 봐야 합니까. 제가 뭐 그렇게 잘못했다고요.

상담자: 제 말을 오해하신 것 같은데요. 저는 지금 이 문제가 어머니의 잘못이라고 말하는 게 아닙니다.

내담자: 아들의 행동이 문제가 아니라면서요.

상담자: 제가 아들의 행동이 문제가 아니라고 한 건 아들이 왜 그런 행동을 하는가에 초점을 두지 마시라는 겁니다.

내담자: 아들이 왜 그런 행동을 하느냐에 초점을 두지 말라고요? 하지만 아들이 왜 그런 행동을 하는지 알아야 뭔가를 할 수 있지 않나요? 그냥 이렇게 내 버려둬야 하나요?

상담자: 그럴 수는 없지요. 제가 드리고 싶은 말은 아들이 왜 그런 행동을 하느냐에 초점을 두지 말고 아들의 행동에 내가 왜 불편하고 화가 나는지를 보라는 겁니다.

내담자: 아들의 행동에 내가 왜 화가 나는지를 보라고요?

상담자: 그렇죠. 중요한 건 아들의 행동이 아니라 그 행동으로 인해 나타나는 나의 반응입니다. 무엇이 나로 하여금 아들의 행동에 반응하게 만드는지를 이해하는 게 더 중요합니다.

내담자: 흠… 그건 한 번도 생각해보지 않았던 문제인데… 저는 그냥 아들이 나를 화나게 하는 행동을 하니까 내가 화가 난다고 생각했거든요.

상담자: 물론 그 말도 틀린 말은 아닙니다. 그러나 그렇게 생각을 하면 어머니께서 화가 안 나려면 아들의 행동이 바뀌어야 하잖아요. 그건 어머니가 화가 나고 안 나고의 열쇠를 아들이 잡고 있다는 이야기가 됩니다. 그러면 어머니는 아들과의 관계에서 주도권을 아들에게 빼앗기게 되는 겁니다. 이렇게 되면 어머니께서는 계속해서 아들의 행동에 반응하게 될 수밖에 없는 겁니다.

내담자: 그렇네요.

상담자: 중요한 건 변화의 열쇠를 내가 잡고 있는 것입니다. 어머니가 화가 나고 안 나고는 어머니 자신이 결정할 수 있어야 한다는 것입니다. 아들의 행동과는 무관하게 말입니다. 그래서 아들의 행동에 대해서 원인을 찾고, 아들이 왜 그런 행동을 하는지에 대한 관심에서 아들의 행동에 대해 내가 왜 이런 반응을 하고 있는가로 옮겨와야 한다는 겁니다.

내담자: 그러고 보니… 그런 것 같네요. 아들의 행동을 보면서 저는 '어릴 때는 말도 잘 듣던 내가 왜 이렇게 이상하게 변했지? 나는 나름대로 아이에게 최선을 다하고 잘 키웠다고 생각했는데 왜 이렇게 내가 생각했던 대로 안 되는 걸까?'라는 생각을 많이 한 것 같아요.

상담자: 좋은 해석입니다.

내담자: 아마도 저는 아들의 행동을 보면서 제가 좋은 엄마, 아들을 잘 키운 엄마가 되기를 원하고 있었나 봅니다. 그래서 아들의 행동에 자꾸 반응을 한 것 같아요. 결국은 아들의 행동에 이래라저래라 한 건 아들을 위한 게 아니고 제가 좋은 엄마가 되고자 하는 욕심 때문이었네요.

상담자: 상당히 좋은 해석입니다.

내담자: 휴우… 저는 그것도 모르고… 아들만 잡았으니… 지금부터라도 아들의 행동을 다시 한 번 봐야 되겠네요… 두렵긴 하지만….

상담자: 어머니께서 이미 용기를 내셨습니다. 이제는 그 용기를 가지고 한 발 내딛으시면 됩니다.

내담자: 감사합니다. 한번 해보겠습니다.

얼마 전 상담했던 내용입니다. 사춘기 자녀를 둔 부모들의 공통적인 고민은 자녀들의 이해할 수 없는 행동입니다. 그래서 부모님들은 자녀가 왜 저런 행동을 하는지 궁금하기도 하고 화가 나기도 합니다.

자녀가 왜 그런 행동을 할까요? 그건 자녀만이 알겠지요? 즉 부모가 아무리 예측하고 자녀의 마음을 헤아린다고 해도 정확하게 알 수 없는 영역입니다. 어설프게 추정해서 다가가는 오류를 범할 확률이 높습니다. 또 알았다고 한들 자녀의 행동을 바꾸는데 내가 할 수 있는 게 거의 없습니다. 왜냐하면 바뀌고 안 바뀌고는 자녀가 선택할 문제이지 부모가 선택할 수 있는 게 아니기 때문입니다.

그러니 자녀의 행동으로만 초점이 가 있으면 갈등이 해결될 수가 없습니다. 좀 더 효율적인 방법은 자녀의 행동에 내가 반응하고, 화가 나는지로 초점을 옮겨보는 것입니다. 그러면 내가 할 수 있는 것들이 많아집니다. 그러면 갈등 해결을 좀 더 효과적으로 다룰 수 있을 겁니다.

타인이 '왜 저런 행동을 하지.'가 아닌 타인의 저런 행동에 '내가 왜 화가 나지?'로 접근하는 것이 좀 더 효율적으로 문제를 해결할 수 있는 방법입니다.

댓 글

- 교수님 글을 읽을 때마다 느끼는 거지만 꼭 저의 모습을 보신 것 같은 건 저만 느끼는 건가요? ^^
- 언젠가 딸내미가 또 사소한 거로 짜증을 내길래 왜 그렇게 짜증이 나는 거냐고 했더니 자기도 모르겠다고 그냥 짜증이 난다면서 버럭 소리질렀었어요. 그때 번쩍 든 생각이 있어서 딸아이에게 그렇게 이야기해줬어요. '그래 짜증은 나는데 자기도 왜 짜증이 나는지 그 이유를 모르겠으니 더 짜증 날 수도 있겠네~' 라고요. 그러니까 자기 맘을 알아줘서인지 조금은 누그러진 목소리로 '그러니까요~~' 라며 자기도 자기를 어이없어하더라고요.

- 저도 관점을 바꾸어 생각해 보겠습니다. 감사합니다.
- 감사합니다~~ 저를 또 한번 돌아보게 하네요~~ 앎으로만 끝내지 않고 실천하도록 하겠습니다.
- 교수님^^ 사춘기 자녀를 둔 엄마들은 갱년기와 함께 감정적으로 서로 힘든 거 같아요. 말씀대로 아이의 예측불허 변화무쌍한 감정들에 화내고 다그치고 하는 제 자신을 돌아보게 됩니다. 현명하고 지혜로운 조언의 말씀들 감사합니다. 사춘기 자녀를 둔 엄마들에게 선생님의 글 공유하겠습니다^^

Tip ▶▶

자녀가 왜 이런 행동을 하는지에 초점을 두지 마시고 자녀의 행동에 내가 왜 마음이 상하고 감정이 동요되는지에 초점을 맞춰 보세요. 문제 해결이 보일 겁니다. ^^*

3

대화

대화 1

부모의 두려움 그리고 용기

내담자: 선생님… 제가 욕심이 많은 것일 수도 있는데요… 저는 제 아이들이 공부를 좀 잘했으면 좋겠어요… 아니 열심히라도 했으면 좋겠어요. 너무 공부를 안 해요. 어쩌면 좋을까요?

상담자: 자녀의 성적이 마음에 들지 않으시군요.

내담자: 네.… 성적을 볼 때마다 솔직히 실망이 너무… 표현도 못 하겠고…. 제가 욕심을 버려야 하는 건가요? 다른 분들은 제 욕심이 크다고… 욕심을 버리라고 하는데 그게 되나요? 부모인데… 부모로서 욕심이 생기는 건 당연한 거잖아요.

상담자: 그렇지요. 부모로서 자녀에 대한 기대감을 버린다는 것이 쉽지 않지요.

내담자: 그렇죠? 역시 선생님은 제 마음을 이해해 주시는군요.

상담자: 그런데 자녀가 왜 공부를 잘해야 된다고 생각하시나요?

내담자: 공부를 잘하면 좋은 거 아닌가요? 공부를 잘해야 좋은 대학을 가고 좋은 직장을 가질 수 있는 거잖아요. 그리고 공부를 잘하면 자기가 좋지 내가 좋나요? 다 자기들 잘되라고 그러는데 그걸 모르네요. 지금은 어려서 그렇겠지요? 나이가 들면 이해하겠지요. 내가 왜 자기에게 공부를 그렇게 하라고 했는지 말입니다.

상담자: 자녀가 공부를 잘해야 되는 이유가.

내담자: (말을 중간에 끊으며) 네. 다 애들을 위한 겁니다. 자기들 잘되라고 하는 거지요. 부모가 잘되는 게 아니잖아요.

상담자: 그러면 자녀가 공부하지 않는 게 왜 어머님은 속상하실까요?

내담자: 그거야 경쟁에 뒤질까 봐 그런 거죠. 혹시나 세상에서 도태되지 않을까 하는 마음도 들고. 무엇보다도 우리나라에서는 공부를 잘하면 좋은 직장이나 좋은 직업을 가질 가능성이 높으니까요. 그러니까 공부를 못하는 것보다는 잘하는 게 좋잖아요. 선생님도 그렇게 생각하지 않으세요?

상담자: 그렇군요. 지금 어머니께서는 자녀가 공부를 하지 않으면 경쟁에서 뒤처질까 봐 두려운 거군요.

내담자: 두렵지요. 공부를 못하면 무시당할 것 같고… 경쟁에 뒤질 것 같고….

상담자: 네. 어머니 입장에서 결국 자녀가 공부를 잘해야 되는 것은 어머님의 두려움 때문이군요.

내담자: 그…런…가요… 근데 그게 잘못된 것은 아니잖아요.

상담자: 맞습니다. 잘못은 아닙니다. 다만 자녀가 공부해야 되는 이유가 자녀가 잘되라고 하는 것이 아니라 어머님의 두려움 때문이라는 것을 이해하는 게 중요합니다.

내담자: 그게 그거 아닌가요?

상담자: 만약에 공부해야 할 이유가 자녀 잘되라고 하는 것이라면 어머님은 계속해서 자녀를 향해 잔소리하고, 협박하고, 갈등해야 될 겁니다. 그러나 어머님의 두려움이 이유라면 단지 어머님께서 자신의 두려움을 다루면 되기 때문에 최소한 자녀와의 갈등은 줄어들 수 있을 겁니다.

내담자: 음… 그럴까요?

상담자: 네. 자녀가 공부를 하지 않아서 어머니께서 기분이 상하거나 힘드신 게 아니라, 자녀가 공부를 하지 않았을 때 어머니

께서 가져야 하는 두려움 때문에 힘드신 겁니다. 그 두려움에 맞설 용기가 어머니에게 없으신 거지요. 그것이 지금 자녀가 공부해야 하는 이유가 되는 것입니다.

내담자: 두려움에 맞설 용기요?

상담자: 네. 중요한 것은 자녀가 공부를 잘하고 못하고가 아니라 어머님께서 어머님의 두려움에 맞설 용기를 가지는 것입니다.

내담자: 아… 제가 용기를 가져야 하는 거라고요.

상담자: 한 번쯤 자녀에게 모든 책임을 던지지 마시고 본인의 두려움에 맞설 용기를 가져보는 것은 어떨까요? 우리는 흔히 자신이 가지게 될 두려움이 싫어서 회피하기 위한 도구로 자녀에게 강요하는 것들이 있습니다. 어쩌면 자녀를 향해 '공부하라'는 것이 대표적일 것입니다. 내가 가져야 할 두려움 때문에 자녀에게 강요하고 있는 것이 있다면 용기를 가지고 멈추어 보는 것은 어떨까요?

자녀는 바꾸는 게 아닌 인정하고 받아들이는 것

내담자: 그래도 공부를 좀 열심히 해주면 좋잖아요. 그러면 저의 두려움도 안 생기잖아요. 저를 위해서 좀 해주면 안 되나요? 저는 다 해주고 있는 것 같은데….

상담자: 맞습니다. 자녀가 알아서 열심히 해주면 좋지요. 그런 자녀들이라면 부모님이 두려움을 가질 필요도 없으니까요.

내담자: 그러니까요. 애들이 정신을 차리고, 마음을 잡고 공부해주면 제가 잔소리할 일도, 강요할 이유도, 다툴 이유도 없어요.

상담자: 맞아요. 자녀가 알아서 해준다면 얼마나 좋겠습니까? 그런

데 자녀가 알아서 잘해주는 것은 부모의 바람일 뿐이죠. 자녀들이 부모의 바람대로 다 해주지는 않으니까요.

내담자: 왜 그럴까요? 왜 그렇게 안 할까요?

상담자: 글쎄요. 그것까지는 저도 어떻게 설명해 드릴 수가 없네요. 저는 다만 어머님의 두려움에 대해서 이야기를 해 드릴 수 있습니다.

내담자: 그러면 결국은 제가 그 두려움에 맞설 용기를 가지는 거군요.

상담자: 그렇지요. 공부를 하고 안 하고는 자녀의 선택인 거지요. 중요한 것은 자녀가 하는 행동을 보며 어머니께서 가져야 할 두려움에 맞설 용기를 가지는 겁니다.

내담자: 그래도… 제가 잔소리를 하거나, 칭찬을 하면 행동이 변하지 않을까요? 제가 할 수 있는 최선을 다하면 우리 애들이 변하지 않을까요?

상담자: 글쎄요. 어머니께서 최선을 다한다고 자녀가 변할 거라는 믿음은 조금 회의적입니다. 왜냐하면 우리는 타인을 절대 바꿀 수 없기 때문입니다.

내담자: 바꿀 수 없다고요? 그래도 제가 생각을 해보면 어릴 때 제가 우리 애들 행동이나 습관들을 많이 바꾸어 준 것 같은데요.

상담자: 아마 그건 바뀐 척하는 걸 겁니다. 아니면 본인이 바꾸어도 된다고 생각했기 때문일 겁니다. 어머니 때문에 바뀐 것은 아닐 겁니다.

내담자: 저는 지금 선생님의 의견에 동의할 수가 없네요. 부모라면 당연히 자녀의 좋지 못한 행동에 대해 훈계를 하고, 바뀔 수 있도록 해야 되는 거잖아요. 안 그러면 부모가 아니잖아요.

상담자: 맞습니다. 자녀의 행동에 관여하지 말라는 것은 아닙니다.

다만 내가 하는 대로 자녀가 반드시 바뀔 거라는 생각은 하지 마시라는 거지요. 만약에 누군가 지금 어머니의 행동을 강제로 바꾼다고 생각을 해보세요. 기분이 어떨까요?

내담자: 썩 기분이 좋지 않겠지요.

상담자: 타인의 요구대로 행동을 바꾸시겠어요?

내담자: 음…. 일단은 생각을 해보겠지요. 그리고 바뀔 만하면 바꿀 수도 있을 것 같아요.

상담자: 맞아요. 그러니까 어머니께서 만약 무언가를 바꾼다면 그것은 어머니께서 결정하시는 것이지 타인이 결정하는 게 아닌 겁니다.

내담자: 그렇네요. 결국은 내가 생각하고 결정하는 거군요. 그러면 공부를 하지 않는 우리 애를 어떻게 합니까? 그냥 내버려 둬야 하나요?

상담자: 그냥 인정하십시오.

내담자: 인정이요? 무엇을 말인가요?

상담자: 공부를 못하는 이 애가 내 자녀다. 말을 안 듣는 이 아이가 내가 낳은 내 자식이다. 이렇게 인정하는 것입니다. 통상적으로 자녀가 공부를 못하거나, 문제를 일으키면 부모님들은 '어떻게 내가 낳은 자식이, 어떻게 내 자녀가 이럴 수 있어?'라면서 인정을 못 하거든요. 그런데 그런 자녀가 내 자녀가 맞는 겁니다.

내담자: 맞아요. 맞아. 사실은 그게 안 돼요. 내가 낳은 자식이 공부를 못한다는 것이 용납이 안 되는 거죠.

상담자: 사실 자녀는 바꾸는 것이 아니라 인정하고 받아들여 합니다. 그래야 갈등이 줄어들 수 있습니다.

바꿀 수 있는 건 오직 자신뿐

내담자: 그러면 결국 어떻게 되는 건가요? 우리는 계속 이렇게 살아야 하는 건가요? 저는 계속 잔소리를 해야 하고, 다투어야 하는 건가요?

상담자: 지금 그 말은 어머니께서는 변화되기가 싫다는 이야기로 들리는데요.

내담자: 그건 아니지만… 쉽지 않죠. 내가 자녀도 못 바꾸는데 저를 스스로 바꿀 수 있을까요?

상담자: 타인을 바꾸는 것은 불가능합니다. 그러나 자기 자신을 바꾸는 것은 얼마든지 가능합니다.

내담자: 저를 바꾸는 것이 가능하다고요?

상담자: 당연합니다. 충분히 바꿀 수 있습니다.

내담자: 바꿀 수 있다고요?

상담자: 네. 바꿀 수 있는 용기를 가지시면 됩니다.

내담자: 용기요.

상담자: 그렇습니다. 바꿀 수 없는 것은 인정하고 받아들이는 용기가, 바꿀 수 있는 것은 바꿀 수 있는 용기가 필요합니다.

내담자: 그렇군요.

상담자: 자기 자신을 충분히 바꿀 수 있는 힘이 우리 안에 있습니다. 다만 내가 바뀌기 싫은 것이고, 바꾸고 싶지 않은 것이지요.

내담자: 그렇군요.

자기수용

상담자: 이렇게 바꿀 수 없는 것은 인정하고, 바꿀 수 있는 것은 바꿀 수 있는 용기를 내는 것을 세계 3대 심리학자 중 한 사람인 아들러는 '자기수용'이라고 불렀습니다.

내담자: 자기수용이요?

상담자: 네. 자기 자신을 바꿀 수 있는 용기를 가지고 용기 있게 한 걸음을 걸으면 자신이 자랑스럽고 자존감이 올라갈 겁니다.

내담자: 그렇겠지요.

상담자: 이게 자기수용의 힘입니다. 자기수용이 일어나면 일단은 자기 자신에 대한 존중과 신뢰가 생깁니다. 그러다 보면 계속해서 자신을 바꾸기 위해 용기를 가지게 됩니다. 그렇게 자신을 변화시켜 나가는 겁니다. 이렇게 되면 우리에게 두려움 따위는 문제가 되지 않는 거지요.

내담자: 결국 두려움은 내가 수용하지 못해서 일어나는 거군요. 저는 생각지도 못했네요.

상담자: 맞습니다. 두려움을 이기는 방법, 용기를 내는 방법은 '자기수용'입니다.

내담자: 선생님… 정말 제가 저를 수용하면 두려움을 이기고 애들과 좋은 관계를 유지할 수 있을까요?

자녀에 대한 신뢰와 존중

상담자: 네. 저는 그럴 거라고 봅니다. 자기수용이 일어나면 자신을 존중하고 신뢰할 수 있습니다. 그렇게 자신을 존중하고 신

뢰하면 자연스럽게 타인에 대한 신뢰가 일어납니다. 생각해 보세요. 어머님께서 자신에 대한 존중과 신뢰가 있다고 가정해 보세요. 그럴 때 자녀를 보면 어떨까요?

내담자: 음… 조금은 편한 마음으로 대할 수 있을 것 같아요.

상담자: 네. 자녀를 믿게 되는 거지요. 그러니까 자녀에 대한 신뢰는 자녀의 행동에 달린 것이 아니라 부모 스스로 얼마나 신뢰하고 존중하는가에 달린 것입니다.

내담자: 네? 이해가 잘 안 되네요. 상대방을 믿는 것이 어떻게 저에게 달린 거지요? 그것은 당연히 상대방의 행동 여부에 달린 거잖아요.

상담자: 그렇게 생각할 수 있습니다. 그런데 잘 생각해 보면 자녀를 믿는다는 것이 과연 자녀의 행동 여부에 달린 것일까요? 자녀의 행동 여부가 아니라 자녀의 행동에 대해 내가 받아들일 자신이 없고, 내가 그것을 인정할 마음이 없기 때문입니다. 즉, 내가 자녀의 행동을 받아들일 자신이 있으면 우리는 자녀를 신뢰할 수 있습니다.

내담자: 과연 그럴까요?

상담자: 예를 들어 자녀가 공부를 못한다고 가정해 보지요. 그런데 그런 자녀를 부모가 인정하고 받아들여요. 공부를 못하는 자녀가 내 자녀임을 인정하는 거지요. 그리고 그런 것 때문에 오는 두려움에 내가 맞서고, 스스로를 변화시키기 위해 용기를 냈다고 해봅시다. 그렇다면 공부를 못하는 자녀가 어떨까요?

내담자: 만약 그렇다면… 밉지 않겠지요. 그리고… 그렇군요. 그것은 아무런 것도 아닌 게 되는군요. 공부를 잘하고 못하고는 중

요한 게 아닌 게 되는 거고요.

상담자: 맞습니다. 그러니까 자녀에 대한 믿음은 결국 자신에 대한 신뢰가 먼저 우선되어져야 할 것입니다. 저는 '나는 나를 못 믿지만 당신은 믿습니다.'라는 말은 거짓말이라고 생각합니다. 그리고 '나는 나를 사랑하지 않지만 당신을 사랑합니다.'라는 말도 수용할 수 없습니다. 자신을 신뢰하지 못하고 사랑하지 못하는 사람은 타인을 신뢰하거나 사랑하지 못합니다.

내담자: 아… 그렇군요… 결국, 저는 저에 대한 신뢰가 부족했네요… 그리고 두려움에 맞설 용기가 없었네요. 어떻게 하면 좋을까요?

행복은 스스로 선택할 수 있는 것

상담자: 어머님께서 행복해지셔야 합니다.

내담자: 행복이요?

상담자: 네. 행복이요.

내담자: 저도 행복하고 싶죠. 근데 제가 행복하고 싶다고 해서 행복해지는 게 아니잖아요. 행복할 여건도 안 되고, 주위에서도 도와주지도 않는데 어떻게 행복해질 수 있겠습니까?

상담자: 행복은 주위에서 만들어 주는 게 아니라 스스로 선택하는 겁니다.

내담자: 행복을 선택하는 거라고요? 그게 가능한가요?

상담자: 물론입니다. 행복은 선택하는 겁니다. 그리고 그 선택할 수 있는 힘이 스스로에게 있습니다.

내담자: 이해가 안 되네요.

상담자: 만약 행복을 타인이 해 주어야 한다고 생각한다면, 어떤 조건이 갖추어져야 한다고 생각한다면 우리는 행복해질 수 없습니다. 위에서 말했듯이 상대가 나의 행복을 위해 무언가를 해주기를 바라는 것은 나의 바람일 뿐입니다. 상대가 나의 행복을 위해 무언가를 해주고 안 해주고는 내가 어떻게 할 수가 없습니다. 그렇다면 우리는 나의 행복을 늘 상대방에게서 찾아야 합니다. 이런 사람은 절대 행복해질 수 없습니다.

내담자: 그렇네요.

상담자: 그러니까 자신의 행복은 스스로 만들어 갈 수 있어야 합니다.

내담자: 스스로 만들어 간다고요?

상담자: 네. 스스로 만들어 가야 합니다. 그러기 위해서는 행복할 수 있는 것들을 스스로 찾아야 합니다. 우선, 타인의 도움 없이 스스로 할 수 있어야 합니다. 지금 내가 스스로 행복해질 수 있는 방법을 찾아야 합니다. 두 번째는, 지금 당장 행복해질 수 있어야 합니다. 내일이나 1년 뒤에 행복해질 것이 아니라 지금 당장 행복해질 것을 찾아야 합니다. 마지막으로, 행복해질 수 있는 것들이 다양해야 합니다. 한두 가지가 아니라 많으면 많을수록 좋습니다.

내담자: 복잡하군요.

상담자: 복잡하지 않습니다. 요약하면 행복해지기 위해 지금 당장 내가 스스로 할 수 있는 것들을 많이 찾아야 합니다. 나의 힘으로 지금 당장 행복해지기 위한 방법을 찾아서 그 방법들을 스스로 선택할 수 있어야 합니다.

내담자: 지금 당장 행복해질 수 있는 방법을 스스로 선택하라는 거군요. 그러면 내가 행복해질 수 있다는 거네요.

상담자: 맞습니다. 그것이 내가 행복해질 수 있는 방법입니다.

내담자: 선생님 말씀을 들으니 결국은 제 스스로 결정하고 선택해야 하는 거네요. 남이 해줄 수 있는 게 아니었군요. 음… 그러려면 내가 힘이 있어야 하는 거고요. 내가 행복해지면 되는 거네요.

상담자: 좋은 해석이십니다.

내담자: 휴우… 지금까지 저는 잘하고 있다고 생각했네요. 우리 애들만 변하면 된다고 생각했어요. 사실은 제가 용기를 가져야 했는데 말입니다.

상담자: 너무 자책하지는 마십시오. 지나간 시간이 중요한 게 아니라 지금 이 순간부터가 중요합니다. 지금부터 용기를 가지고, 행복을 선택하면 됩니다.

내담자: 네. 힘들겠지만. 쉽지 않겠지만 한번 시도해 보겠습니다.

상담자: 힘든 발걸음을 내딛겠다는 용기를 가져 주셔서 감사드립니다.

내담자: 감사합니다.

누구나 행복한 부모가 되길 원합니다. 자녀와의 관계에서, 배우자와의 관계에서, 가족들과의 관계에서 행복한 관계가 유지되기를 바라고 있습니다. 부모교육을 진행하면서 교육에 참가한 부모를 대상으로 '행복한 부모'에 대해서 논의를 해 보았습니다. 많은 부모들이 '행복한 부모'가 되기 위해서 무엇을 갖춰야 할 것인가에 대해서 관심을 가지고 있는 것을 보았습니다.

필자도 오랜 시간 상담과 교육을 하면서 '행복한 부모'가 되기 위한 것을 고민하면서 초기에는 부모들이 부족한 무언가를 갖춰야 한다는 생각을 가진 적이 있었습니다. 그래서 부모들을 위해 다양한 기술(skill)을 가르쳤습니다.

나 메시지, 감정조절, 아이의 강점을 읽고 코칭하는 법 등 끊임없이 새로운 무언가를 채우는 것에 열중했습니다. 그러나 그렇게 채운다고 해서 '행복한 부모'가 되는 것은 아니라는 것을 어느 순간 깨닫게 되었습니다. 왜냐하면 부모의 역할과 자녀에 대한 생각, 그리고 자신에 대한 신념을 바꾸지 않고는 아무리 좋은 기술을 배워도 제대로 되지 않는다는 것을 목격했습니다.

예를 들어 나-메시지를 아무리 잘 사용해도 근본적으로 자녀와의 관계가 수평적 관계가 되지 않으면 통제와 명령의 수단이 될 수밖에 없는 것입니다. 따라서 '행복한 부모'가 되기 위해는 새로운 기술을 배우는 것이 아니라 생각과 신념을 바꾸기 위해 노력해야 합니다. 그리고 무엇을 갖출 것인가가 아니라 내가 가진 것을 어떻게 사용할 것인가로 초점을 옮길 필요가 있습니다.

많은 부모는 '능력'이 없어서 행복한 부모가 되지 못하는 것이 아닙니다. 자신이 가진 것을 어떻게 사용해야 하는지 몰라서 행복한 부모가 되지 못할 뿐입니다. '내가 어떤 일을 하지 못하는 것은 능력의 문제가 아니라 용기의 문제'라고 했던 아들러의 말과 일맥상통하는 것입니다.

아무리 찬바람이 불어도, 비를 맞아도 건강한 신체는 그것을 이겨 내 듯, 나의 행복이 끊임없이 공격해 오는 불행에 당당히 맞서 이길 수 있도록 매 순간 내성을 키우도록 노력해야 할 것입니다. 강조하지만 나의 행복은 누가 만들어 주는 것이 아니라 내가 만들어 가는 것이기 때문입니다.

행복이 나의 선택에 달려 있는 것이기에 내가 불행한 것이 환경이나 다른 사람의 탓이 아니라 내가 행복한 선택을 하지 않고 불행한 선택을 하기 때문입니다. 환경이나 외부 자극 때문에 불행해지는 것이 아니기 때문에 현재의 불행은 변화가 가능하고, 그 변화의 열쇠는 내가 쥐게 되는 것입니다.

따라서 자녀가 바뀌거나 환경이 바뀌어야만 불행했던 나의 현재가 행복으로 바뀌는 것이 아니라. 스스로 행복할 수 있는 것을 선택함으로써 충분히 행복해질 수 있는 것입니다. 윌리암글라서가 선택이론에서 주장하는 바로는 인간은 누구나 자신이 자기 삶의 주인이 되어 자신의 삶을 통제할 수 있을 때 행복을 느낀다고 했습니다. 즉, 자신의 삶에서 중요한 선택을 스스로 할 수 있고, 선택한 것에 대해 책임질 수 있는 사람이 행복한 사람이라는 것입니다.

글라서는 선택이론에서 실질적으로 불행한 느낌을 포함한 '모든 것을 우리가 선택한다.'는 것을 설명해 주고 있습니다. 다른 사람들이나 환경은 우리를 비참하게도 행복하게도 만들어 줄 수 없다는 것입니다. 그들로부터 얻거나 줄 수 있는 것은 정보일 뿐입니다. 그러나 그 정보 자체가 우리를 어떻게 행동하거나 느끼게 만들 수는 없습니다. 정보가 우리의 두뇌로 들어오면 특정한 과정을 거치면서 무엇을 할지 스스로가 결정하는 것입니다.

예를 들어 자녀의 행동에 대해서 소리 지르고 잔소리를 하는 것은 자녀가 못마땅한 행동을 했기 때문이 아니라 자녀를 못마땅하게 여기기로 내가 선택을 했기 때문에 큰소리치고, 잔소리를 하게 되는 것입니다. 그러니 자녀에게 큰소리를 치면서 회가 나는 것은 자녀 때문이 아니라 내가 선택한 것으로 인해 발생되는 것이란 걸 알아야 합니다.

그렇다고 모든 것을 내 탓으로 돌릴 필요는 없습니다. 핵심은 내가 행복해지는 것이기에 그 행복이 타인에게 달렸다면 내가 행복해질 수 있는 확률이 없어지지만 나 스스로 선택할 수 있다고 한다면 그만큼

내가 행복해질 수 있는 확률이 많아지기 때문에 내가 중심이 되어야 한다는 의미입니다.

행복은 선택입니다. 그래서 누구나 행복할 권리가 있으며, 그러한 권리에 대한 사용권은 나에게 있습니다.

대화 2

신(神)은 세계를 동서남북으로 나누어 네 명의 천사들로 하여금 다스리도록 하였습니다. 네 명의 천사는 일 년 동안 자신이 맡은 나라들을 두루 다니며 이것저것 살펴보고 그 해 마지막 날에 신(神) 앞에 모여 일 년 동안 자신들이 보고 들었던 것들을 보고했습니다. 2017년의 마지막 날, 어김없이 네 명의 천사가 신(神) 앞에 모였습니다. 그리고 각자가 보고 들었던 이야기를 털어놓기 시작합니다.

천사 1: 주(主)여! 저는 동쪽을 돌아보고 왔나이다.

신(神): 그래. 동쪽을 지키는 자여 그대는 무엇을 보았는가?

천사 1: 네. 저는 자녀를 위해 모든 것을 희생하며 살아가는 어떤 부모를 보고 왔나이다.

신(神): 모든 것을 희생하며 살아가는 부모를 보았다고?

천사 1: 네.

신(神): 자세하게 말해 보거라.

천사 1: 그 부모는 자녀의 성공과 행복을 위해 많은 계획을 세우고 실천하고 있었습니다.

신(神): 오호! 그래?

천사 1: 네. 4살 때부터 영어 유치원을 보냈고, 6살에 이미 초등학교 2학년 과정을 끝낼 수 있도록 각종 학습지와 과외를 시켰고, 초등학교에 들어가자 각종 학원에다 과외까지 자녀를 위해 아낌없이 투자하고 노력하는 부모였습니다.

신(神): 그래서 그 자녀는 어떻게 되었지?

천사 1: 부모의 바람대로 명문 중학교를 나와 현재 그 나라에서 제일 좋다는 명문 고등학교에 입학하였습니다. 그리고 지금은 명문대학을 가기 위해 부모가 다양한 사교육을 시키고 있습니다. 부모의 계획대로라면 자녀는 2년 뒤 원하는 명문대학을 들어갈 수 있을 겁니다.

신(神): 그래? 그렇게 하면 자녀가 힘들지 않을까?

천사 1: 자녀도 힘들어하긴 하지만 명문대학에만 들어가면 하고 싶은 것을 다할 수 있을 것이라고, 그리고 행복한 인생을 살 수 있을 것이라는 부모의 말에 그저 따라가고 있는 걸로 보입니다.

신(神): 어허. 거참! 자녀가 많이 힘들어 보이는구나

천사 1: 지금은 비록 힘들지만 미래의 행복을 위해 참아야 하고, 그렇게 하는 것이 맞다고 생각하는 것 같습니다. 그리고 주위의 대부분의 부모들이 그렇게 하고 있어 위안을 받는 것 같아 보였습니다.

신(神): 다른 사람들도 그렇게 하고 있다고?

천사 1: 네. 대부분의 부모들이 그렇게 하고 있었습니다.

신(神): 그럼 친구들과 인제 놀고 인제 만나는가?

천사 1: 친구들도 대부분 학원을 가고, 그렇게 하고 있기 때문에 특별히 친구들과 어울려 노는 것은 보지 못한 것 같습니다. 이 친구들은 그렇게 사는 것에 큰 불만이 없어 보였습니다. 당연히 그렇게 살아야 하는 것처럼 보였습니다.

신(神): 그런가?

천사 1: 공부를 잘해야 좋은 대학을 가고, 좋은 대학을 나와야 좋은 직장을 얻고 좋은 직장을 얻어야 행복한 가정을 꾸리고 행복한 삶을 살아갈 수 있다고 믿고 있습니다.

신(神): 행복한 삶을 산다?

천사 1: 네. 미래의 행복을 위해 계획을 세우고, 그 계획에 맞춰 한 걸음 한 걸음 나아가고 있는 것입니다. 그러면 부모가 계획하고 목표 한 대로 자녀가 행복한 삶을 살 수 있을 것이라 확신하고 있습니다.

신(神): 재미있구나. 너는 어디를 다녀왔느냐?

천사 2: 네. 주님! 저는 서쪽 나라를 둘러보고 왔나이다.

신(神): 오! 그래. 서쪽을 지키는 자여 그대는 무엇을 보았는가?

천사 2: 네. 저는 노년의 행복을 위해 열심히 저축하고 살아가는 청년을 보고 왔나이다.

신(神): 오호 그래? 열심히 살아가는 청년을 보고 왔다고?

천사 2: 네. 이 청년은 노년의 행복한 삶을 위해 많은 계획을 세우고 살아가고 있었습니다. 여행을 가고 싶어도 참고, 먹고 싶은 것도, 입고 싶은 것도 참아가면서 열심히 일하고 돈을 저축하고 그렇게 살아가는 청년이었습니다.

신(神): 먹고 싶은 것, 입고 싶은 것, 가고 싶은 것을 참으면서?

천사 2: 네. 청년은 미래에 자신이 나이가 들어 하고 싶은 것을 하지 못하고 살까 봐 두려움이 있는 것 같았습니다. 그 두려움 때문에 지금 하고 싶은 것들을 미래의 행복을 위해 참고 견디며 살고 있었습니다.

신(神): 미래의 행복을 위해서 지금은 참고 있다고?

천사 2: 그런 것 같았습니다. 청년은 입버릇처럼 '내가 나이가 들어 구차하게 살면 안 되지. 나이가 들어서도 당당하게 행복하게 살기 위해 지금은 고생하는 거야. 오늘의 이 고생이 미래의 행복을 만들어 줄 거야.'라고 말하며 그렇게 살아가고 있었습니다. 주위에서도 그런 청년을 보며 칭찬하고 대단하다고 박수를 쳤습니다.

신(神): 그래. 노력하는 자세는 가상하구나!

천사 2: 청년은 모든 것을 미래의 행복을 위해 맞추어 놓았습니다. 5년 뒤, 10년 뒤, 15년 뒤, 20년 뒤 등의 계획을 세워 놓고 목표를 달성하기 위해 많은 노력을 하고 있었습니다. 비록 지금은 힘들고 고생스럽지만 청년은 20년 뒤에는 행복한 노년을 맞고 있을 것이라고 믿고 있었습니다.

신(神): 동쪽을 지키는 자여 너는 어떻게 생각하느냐?

천사 2: 제가 봤던 부모랑 거의 비슷한 것 같습니다. 부모도 미래의 자녀 행복을 위해 고생스럽지만 참고 견디며 노력해야 한다고 했습니다. 금방 서쪽의 천사가 말했던 청년도 그런 것 같습니다.

신(神): 서쪽을 지키는 자여 그런가?

천사 2: 너의 동쪽의 천사가 말한 것처럼 제가 본 청년과 동쪽의 천사가 본 부모가 거의 비슷한 것 같습니다. 둘 다 미래의 행복을 위해 현재는 고생스럽지만 참고 견디고 있는 것 같습니다.

신(神): 남쪽을 지키는 자여 그대는 무엇을 보았는가?

천사 3: 네. 주님! 저는 남편이 승진하고, 집을 사면 행복할 것이라고 생각하고 남편의 승진을 위해 뒷바라지하며, 집을 사기 위해 적금을 들고 있는 여자를 보고 왔습니다. 그 여인은 남편의 승진을 위해 다양한 계획을 세워 놓았습니다. 남편 상사의 집에 가서 일도 해주고, 남편의 건강을 위해 보약도 지어오고 많은 노력을 하고 있었습니다.

신(神): 남편을 위해 참 많은 일을 하는 여인이구나.

천사 3: 네. 그렇게 보였습니다. 여인은 자신의 계획대로라면 5년 안에 승진할 수 있을 것이라고 확신하고 있었습니다. 그리고 집도 10년 안에는 장만할 수 있을 것이라고 믿고 있었습니다. 여인은 자신이 세운 계획대로만 하면 최소한 10년 뒤에는 행복한 가정과 행복한 삶을 살 수 있다고 생각하고 있었습니다.

신(神): 오호! 그래?

천사 3: 네. 여인은 남편에게도 자녀들에게도 그렇게 이야기를 하고 다 같이 자신이 세운 계획대로 따라 줄 것을 이야기했습니다. 여인은 자신이 세운 계획대로만 하면 모든 것이 순조롭게 잘 이루어질 수 있다고 생각했습니다.

신(神): 계획을 아주 잘 세운 모양이구나.

천사 3: 여인은 한 해 한 해 목표를 세우고, 그 목표를 하나씩 달성하면 마지막에 달성해야 하는 목표를 이룰 수 있다고 확신하고 있었습니다. 지금 이렇게 고생하는 것도 미래의 좀 더 나은 삶을 위한 투자라고 생각하고 있었습니다.

신(神): 미래의 좀 더 나은 삶을 위한 투자라고?

천사 3: 네. 지금은 비록 힘들고 고생스럽지만 이것을 견디고 이겨내면 미래에는 반드시 지금보다 나은, 자신들이 바라는 행복한 삶을 살 수 있다고 확신하는 것 같았습니다. 여인은 자신이 세운 계획이 잘못되거나 다른 방향으로 갈 수 있다는 생각은 전혀 하지 않는 것으로 보였습니다.

신(神): 여인은 자신이 세운 계획이 자신들의 미래를 위해 옳은 것이라는 확고한 신념을 가지고 있군.

천사 3: 네. 그런 것 같았습니다. 대부분의 인간들이 그러하듯, 이 여인도 미래를 위한 많은 계획을 가지고 있었습니다. 남편에 대한 계획, 자녀에 대한 계획, 자신에 대한 계획, 그리고 가족에 대한 계획 등 아주 많은 계획을 세워놓고 있었고, 그 계획들을 이루기 전까지는 고생하는 것도, 힘들게 사는 것도, 만족스럽지 못한 삶도 이겨 낼 수 있다고 믿고 있었습니다. 그리고 그것은 아주 당연한 것이라고 생각하고 있었습니다.

신(神): 그렇게나 많은 계획을 세우고 있었다는 말이냐?

천사 3: 네. 그렇습니다. 어쩌면 주님께서 인간을 향해 세우고 계신 계획보다 더 많은 계획을 가지고 있는지도 모르겠습니다.

신(神): 허허. 그런가? 그런데 나는 인간들을 위한 계획 따위는 별로 없다네.

천사 3: 송구합니다.

신(神): 송구는 무슨. 나는 그저 하루하루 인간들 스스로 살아가는 것을 원할 뿐 내가 세운 계획에 따라 움직이게 할 생각은 없다네.

천사 3: 네.

신(神): 그런데 인간들은 참 많은 계획을 세우고 있구나.

천사 3: 네. 그런 것 같았습니다. 인간들은 참 많은 계획을 세우고 그 계획대로만 되면 본인들은 행복한 삶을 살아갈 수 있다고 생각하고 있는 것 같았습니다.

신(神): 마지막으로 북쪽을 지키는 자여. 그대는 무엇을 보았는가?

천사 4: 주여! 저는 은퇴하고 시골로 내려가 전원주택을 짓고 살 계획을 하고 있는 어떤 부부를 보고 왔나이다. 이 부부는 남편이 정년이 되어 은퇴하면 자신들의 부모가 살던 고향으로 내려가 두 사람이 같이 살 예쁜 집을 짓고, 농사를 지으며 여생을 보내기 위해 준비를 하고 있었습니다.

신(神): 오호! 그런가? 은퇴를 하고 시골에서 살기 위해 준비를 하고 있다고?

천사 4: 네. 남편의 정년이 5년 정도 남았는데 시골로 들어가기 위해 이것저것 준비하고 있었습니다. 우선 집을 지을 땅을 보러 다니고, 농사를 지을 땅을 보러 다니고, 그리고 농사를 짓기 위해 이것저것 배우러 다니고 있었습니다. 그러기 위해 두 사람은 해마다 가는 여행을 5년 동안 가지 않기로 했으며, 외식도 당분간은 줄이기로 했습니다. 주말이면 두 사람은 자신들이 살게 될 동네를 둘러보고, 주민들과 인사를 나누고 했습니다.

신(神): 준비를 잘하고 있구나.

천사 4: 부부는 자신의 자녀들에게도 이 사실을 알리고 자신들의 계획에 동참해 줄 것을 부탁했습니다. 자녀들 또한 부부의 계획에 박수를 보냈고, 응원해 주었습니다.

신(神): 그렇구나. 계획한 대로 아주 잘 진행되고 있구나.

천사 4: 네. 부부가 생각하고 계획한 대로 일이 착착 잘 진행되고 있는 것 같아 보였습니다. 부부는 자신들이 5년 뒤 맞이하게 될 새로운 인생에 대해서 매우 만족했습니다. 지금처럼 진행이 잘된다면 틀림없이 자신들이 계획한 대로 멋지고 좋은 노년을 맞이할 수 있을 것이라 확신했습니다.

신(神): 그렇구나. 부부는 나름대로 자신들의 노년에 대해 많은 것들을 준비하고 있구나.

천사 4: 네. 5년 뒤, 보다. 더 행복해질 자신들을 꿈꾸며 부부는 하루하루 행복한 상상을 하며 그렇게 살고 있었습니다. 아마 그들의 계획대로 일이 진행된다면 그들이 상상하는 것처럼 행복한 노년을 살고 있을 것 같습니다.

신(神): 행복한 노년이라…

천사 4: 네. 그들은 오직 5년 뒤 자신들이 맞이하게 될 행복한 노년에 모든 생각이 집중되어 있었습니다. 가끔은 그것이 당장 이루어질 것처럼 부부는 이야기를 하곤 했습니다. 그리고는 5년 뒤의 행복해질 노년을 상상하며 하루하루를 보내고 있는 것 같았습니다.

신(神): 5년 뒤의 행복을 확신하며 오늘을 행복하고 만족하고 살아가고 있는 거로구나.

천사 4: 맞습니다. 누군가 부부에게 "뭐가 그렇게 좋습니까? 무슨 좋은 일이 있나요?"라고 물으면 그들은 '행복해질 5년 뒤의 모습을 상상하면 기분이 너무 좋아서 그렇습니다."라고 말하곤 했습니다.

신(神): 지금까지 너희들의 이야기를 들으니 많은 인간들이 미래의 행복을 위해 아주 많은 계획을 세우고 있구나.

천사 1: 네. 주님의 말씀처럼 많은 인간들이 나름대로의 계획을 가지고 살아가고 있었습니다.

천사 2: 그들은 그들이 세운 계획대로 가면 반드시 행복한 미래가 기다리고 있을 것이라 확신하고 있었습니다.

천사 3: 또한 그들은 미래의 행복을 위해서는 지금 당장 고생하고, 힘들더라도 참을 수 있고, 참아야 한다고 생각을 하고 있었습니다. 그러면 그 대가로 미래의 행복을 선물로 받을 수 있다고 믿고 있었습니다.

천사 4: 그리고 그들은 열심히 최선을 다하면 자신들의 계획 안에 포함된 것들이 반드시 자신들의 생각대로 이루어질 수 있다고 생각을 하고 있었습니다.

신(神): 그렇구나. 너희들은 그들을 보면 어떤 생각이 들었느냐?

천사 1: 열심히 사는 인간들이 대단하다고 생각했습니다.

천사 2: 미래의 행복을 위해 한 걸음씩 전진하는 모습이 대견스러웠습니다.

천사 3: 자신들이 세운 계획을 믿고 그 계획을 이루기 위해 노력하는 모습이 자랑스러웠습니다.

천사 4: 미래의 이루어질 행복을 꿈꾸며 오늘을 행복하게 살아갈 수 있다는 것이 좋아 보였습니다.

신(神): 너희는 인간이 계획하고 노력하는 모습에 많은 감동을 받았구나. 그런데 말이다. 너희들은 인간들의 저런 모습이 우습지 않느냐? 나는 미래의 계획을 세우고 그 계획이 자신이 세운 대로 이루어질 것이라고 확신하고 오늘을 낭비하는 모습들이 우스워 보이는구나. 나도 세우지 않는 미래의 계획을 인간들이 세워놓고 확신하는 모습이 참 우습구나. 내일 당장 어떻게 될지도 모르는 인생들이 무슨 5년 뒤, 10년 뒤, 20년 뒤 계획을 세우고 현재를 낭비한다는 말이냐. 그저 주어진 오늘 하루에 최선을 다해 살면 자연스럽게 행복은 이어질 수 있는데 말이다. 너희들은 다시 가서 알려주어라. 행복은 적금이 아니라는 것을 말이다. 적금을 들 듯 그렇게 행복은 적립해 두고 뽑아 쓰는 것이 아니라는 것을 말이다. 행복

> 은 지금 당장 누려야 할 것이고, 지금 당장 이루어져야 할 것이라는 것을 알려주어라. 내일 죽고 나면 다 무슨 소용이 있느냐. 행복은 오늘 당장 내가 가져야 하는 것이니라.

어느 사이좋은 부부가 있었습니다. 부부는 은퇴 후, 시골에 있는 고향으로 내려가 한가로운 전원생활과 둘만의 여행을 꿈꾸며 행복한 노후 계획을 세웠습니다. 그러기 위해 지금은 자신들에게 한없이 인색하게 살기로 했습니다. 부부에게는 현재보다 은퇴 후 노후를 어떻게 잘 보낼지에 대한 생각뿐이었습니다. 그러나 은퇴하고 부푼 꿈을 꾸며 시작한 노후는 그리 행복하지 못했습니다.

남편이 정년퇴직을 하고 2년 만에 폐암으로 투병하다 숨을 거두었고, 홀로 남은 아내는 평생 함께한 남편의 빈자리 때문인지 우울증에 걸려 치료를 받아야 했습니다. 어느 날, 시집간 딸이 혼자 사는 어머니의 집을 찾았습니다. 청소를 하다가 옷장 속에서 종이 상자를 발견했습니다. 종이 상자 안에는 전원생활에 대한 계획과 여행 안내 책자가 있었습니다. 딸은 차마 그것들을 치우지 못했습니다. 부모님의 이루지 못한 꿈과 노후 계획들이 가득 차 있어서 감히 들 수조차 없을 만큼 무겁게 느껴졌기 때문입니다.

시간이 참 많이도 흘렀지만 잊혀지지 않는 영화 중 하나가 '죽은 시인의 사회'입니다. 어릴 때부터 교사가 꿈이었던 제게 이 영화가 주는 메시지는 감동 그 자체였습니다. 그중에서도 극 중 키딩선생님이 학생들에게 했던 '카르페디엠'이라는 대사는 오래도록 제 기억에 남아 있습니다.

'카르페디엠… 지금 살고 있는 현재 이 순간에 충실하라.'

이 대사는 나이가 들수록 시간이 지날수록 더욱더 가슴을 울립니다. 현재를 즐기고 지금 이 순간을 위해 살라는 메시지는 참 간결하지만 묵직함 울림이 있습니다. 현재의 행복한 순간들이 모여 자연스럽게 미래의 행복으로 이어진다는 간단하고 쉬운 진리가 실천하기에는 늘 어렵고 힘이 듭니다.

우리는 살아가며 미래에 대한 많은 계획을 세웁니다. 과거를 후회하지 않기 위해 그리고 좀 더 나은 내일을 위해 오늘을 희생하며 참고 견디고 살아갑니다. 지금의 이 고생과 고난이 훗날 행복이라는 선물로 바뀌어 내 앞에 나타날 것이라는 확신과 함께 말입니다.

사실 인생을 살면서 어떤 목표를 정하고 계획을 세우지 않는 것은 나침반도 없이 정글 속을 탐험하는 것과 같습니다. 그렇기에 계획을 세운다는 것은 중요합니다. 그러나 때로는 후회 없을 만큼 사랑하고 현재를 즐길 수 있는 것도 중요합니다. 가끔은 오지도 않은, 아무도 모를 미래보다는 눈에 보이는 지금 이 순간을 가슴이 가쁘게 뛸 정도로 즐기고, 누리며 살아가는 것도 꽤 괜찮은 일입니다.

우리 인생에서 미래에 대한 계획만큼이나 중요하건 소중한 사람들과 행복한 추억을 만들어 가는 지금 이 순간입니다. 인생에서 '지금 이 순간'은 다시 오지 않는 선물과도 같은 소중한 날들이기에 오지 않은, 오지 않을지도 모르는 미래를 위해 그저 낭비되고 희생되어서는 안 될 것입니다.

카르페디엠

후회하지 않을 과거만큼이나 기대되는 미래만큼이나 소중한 지금 이 순간입니다. 현재 내 모습에 감사하고, 현재 내 주위에 있는 사람을 소중히 여기고, 현재 내가 가진 것에 만족할 수 있는 그런 삶을 살아보는 것은 어떨까요? 이 찬란한 현재에 말입니다.

에필로그

'좌충우돌 불량아빠의 행복한 부모여행 –사랑한다 너의 사춘기–'라는 밴드에 올린 글을 올리기 시작한 지 2년이 되던 어느 날 갑자기 밴드의 글들을 정리해서 책으로 엮어야겠다는 생각을 하게 되었습니다. 왜 그런 생각이 들었는지는 모릅니다. 그저 '그러면 좋겠다.'는 생각에서 시작했습니다. 그렇게 생각하고 근 1년 만에 드디어 마무리를 지었습니다. 쉽게 생각한 일은 아니었지만 그럼에도 불구하고 이렇게 시간이 오래 걸릴 줄 몰랐습니다.

책으로 엮는다고 생각을 하고 글을 다시 보니 보면 볼수록 부끄럽고 숨고 싶은 마음이 들어 중간에 포기하고 싶었던 것이 사실입니다. 그러나 많은 분들의 응원과 격려 그리고 지지는 저에게 감히 책으로 낼 수 있는 용기를 주었습니다.

누구나 겪는 자녀와의 갈등, 부모라면 누구라도 공감할 일들, 나만 힘든 게 아니었고, 누구나 다 힘든 과정을 겪고 있다는 안도감, 소위 전문가들도 자녀문제에 있어서는 힘들어할 수 있다는 위로감 등 제가 글을 쓰면서 느꼈던 수많은 감정들입니다.

대학에서 학생들을 가르치고, 부모들을 대상으로 부모교육을 진행하고, 청소년을 대상으로 상담을 진행하면서 행복한 교사, 행복한 부모, 행복한 상담자에 대한 고민을 하게 되었습니다. 과연 행복이란 무엇일까? 행복은 그저 자신이 편하게 살고, 하고 싶은 것을 마음대로 할 수 있는 것이 행복일까? 하는 의문도 들었습니다.

많은 사람을 향해 '행복하세요', '행복합시다'라는 말을 하면서도 정작 행복이라는 말에는 깊은 관심을 두지 않았던 것 같습니다. "왜 행복해야 하는가?라는 질문에 대해 스스로 답을 내리기도 힘들었습니다. 그만큼 저에게는 '행복'이라는 단어가 절실했지만 이해하기 힘든 말이었던 것 같습니다.

그러다가 몇 해 전부터 관심을 가지기 시작했던 것이 '선택이론'과 '아들러 심리학'이었습니다. 상담을 전공하던 대학원 시절 지도교수님께서 주로 사용하시던 선택이론은 저에게 엄청난 충격을 전해 주었습니다. 행복도 불행도 스스로 선택하는 것이라는 말은 지금까지 제가 들었던 말 중 가장 충격적이고 신선한 것이었습니다.

그 후로 '선택이론'은 제 인생에 많은 영향을 주었습니다. 제가 밴드에 글을 올리기 시작한 이유도 선택이론적 관점에서 부모의 역할에 대해 고민하기 시작하던 때부터였습니다. 선택이론적 관점에서 부모역할이 많은 부모님에게 도움을 줄 수 있을 것이라는 막연한 생각을 가지게 된 것입니다.

이런 생각은 밴드에 글을 올리면서 더욱더 명확해졌습니다. 자신의 행동이나 감정을 스스로 선택해서 바꿀 수 있고, 자녀의 행동이나 생각을 부모가 함부로 바꿀 수 없다는 말에 많은 부모님이 공감을 표시해 주셨습니다. 그러다가 '행복'이라는 것에 좀 더 구체적이고 명확하게 다가가기 위해 관심을 가졌던 심리학이 '아들러의 개인 심리학'이었습니다. 이전에도 아들러 심리학에 대해서는 알고 있었지만 '행복'과 관련하여 그리고 부모역할과 관련해서 생각을 해보지 않았던 터라 새로이 시작하는 아들러 심리학은 꽤 깊은 충격과 감동을 선사해 주었습니다. 이렇게 '선택이론'과 '아들러의 개인 심리학'은 저에게 '행복한 부모'가 되기 위한 좋은 방법의 길잡이가 되어 주었습니다.

행복한 부모는 특정한 누군가의 전유물이 아닙니다. 행복한 부모는 누구에게나 열려 있는 문입니다. 내가 선택해서 들어가면 되는 문입니다. 용기를 가지고 그 문을 열 때 우리 앞에 펼쳐질 전혀 다른 세상인 것입니다.

책의 저자로서 이 책을 읽으시는 분들 중 용기를 가지고 행복의 문을 열 수 있는 분들이 많아졌으면 하는 바람을 가져봅니다. 그리고 저와 함께 그 길을 걸어갈 수 있었으면 좋겠습니다. 부족한 글을 끝까지 읽어 주셔서 깊은 감사드립니다.

작가 소개

신 성 철

'행복한 부모는 스스로의 선택이며, 누구에게나 행복한 선택을 할 수 있는 힘이 있다.'라는 신념 아래 교육청, 학교, 상담센터 등 다양한 기관에서 부모교육을 진행하고 있고, 방학에는 청소년들을 대상으로 다양한 캠프와 활동을 진행하고 있다.
현재 경북과학대학교 사회복지계열 청소년전공 교수로 재직 중이다.
학부부터 박사까지 교육학을 전공하였으며, 이를 토대로 부모교육과 의사소통, 청소년들을 위한 각종 상담이나 캠프를 전문적으로 연구하고 진행하고 있다.
세 아들의 아버지로서 평소 아들들과 겪었던 다양한 경험을 중심으로 2014년부터 네이버 밴드 '좌충우돌 불량아빠의 행복한 부모여행 - 사랑한다 너의 사춘기 -'에 일주일에 약 3개 정도의 에피소드를 올리고 있다.

저서로는 『행복한 부모교육 프로그램을 적용한 부모교육』, 『청소년문제와 보호』, 『청소년 문화론』, 『청소년심리 및 상담』, 『수업심리학』, 『교육학 개론』 등의 책을 집필하였다.

좌충우돌 불량아빠의 행복한 부모여행

-사랑한다 너의 사춘기-

초판 1쇄 인쇄 2017년 12월 1일
초판 1쇄 발행 2017년 12월 8일

지 은 이 | 신성철
펴 낸 이 | 김기섭
책임편집 | 이윤미
펴 낸 곳 | 창지사 www.changjisa.com
08589 서울시 금천구 가산디지털 1로 83 파트너스타워 1차 9층
전화(02) 719-2211~3
팩스(02) 701-9386
등 록 | 1977년 4월 28일·제1-421호

ISBN 978-89-426-0976-5 (93370)

값 14,000원

「이 도서의 국립중앙도서관 출판예정도서목록(CIP)은 서지정보유통지원시스템 홈페이지 (http://seoji.nl.go.kr)와 국가자료공동목록시스템(http://www.nl.go.kr/kolisnet)에서 이용하실 수 있습니다.(CIP제어번호: CIP2017032945」